KB146012

조선의 역사를 빛낸 범상한 사람들의 비범한 이야기

희조일사

희조일사

조선의 역사를 빛낸 범상한 사람들의 비범한 이야기

초판 1쇄 인쇄 2021년 7월 20일
초판 1쇄 발행 2021년 7월 25일

엮은이	이경민
옮긴이	노대환 김성희 김진우 박선경 백주연 송선하 신경미 엄기석 이명제 임현진 전효진
펴낸이	이영선
책임편집	김종훈
편집	이일규 김선정 김문정 김종훈 이민재 김영아 김연수 이현정 차소영
디자인	김회량 이보아
독자본부	김일신 정혜영 김민수 박정래 손미경 김동욱

펴낸곳 서해문집 | 출판등록 1989년 3월 16일(제406-2005-000047호)
주소 경기도 파주시 광인사길 217(파주출판도시)
전화 (031)955-7470 | 팩스 (031)955-7469
홈페이지 www.booksea.co.kr | 이메일 shmj21@hanmail.net

ⓒ노대환 김성희 김진우 박선경 백주연 송선하 신경미 엄기석 이명제 임현진 전효진, 2021
ISBN 979-11-90893-83-1 03910

오래된
책방
24

조선의 역사를 빛낸
범상한 사람들의 비범한 이야기

희조일사

이경민 엮음·노대환 외 옮김

서해문집

머리말

《희조일사熙朝逸事》는 조선 말기에 활동한 문인 이경민李慶民(1814~1883)이 펴낸 책이다. 역관 가문 출신으로 중인의 문학세계(委巷文學)에서 높은 명성을 얻었던 저자가 자신과 비슷하거나 더 낮은 계층의 사람들 가운데 역사에 이름을 남길 만한 85인의 전기를 모아 엮은 것으로, 조선 시대 중인 이하 계층 사람들의 삶을 엿볼 수 있는 저작이다.

1866년에 간행된 이 책은 제목부터 저자의 이름, 수록된 이들의 면면까지 모두 낯설기만 하지만, 강고한 신분 질서가 무너지고 사회의 기층민이 역사의 전면에 등장하는 새로운 시대를 예고하는 저작으로서 학계에서는 그 높은 가치를 인정받아왔다. 다만, 19세기 중반에 간행된《호산외기壺山外記》나《이향견문록里鄕見聞錄》과 같은 유사한 성격의 저작에 비해 대중에게 덜 알려진 까닭에 국역 작업이 미처 이루어지지 않은 상태였다.

《희조일사》에는 효심과 충의, 절의와 정절이 남다르거나, 문학과 서화, 거문고와 바둑 등 기예에 절륜한 인물들의 삶이 짤막한 전기 형식으로 기록되어 있으므로 다른 역사책과 달리 읽기도 편하고 내용도 재미있다. 또한 이 책에 기록된 사람들은 모두 중인 이하 천민까지를 아우르는 조선 사회의 기층민으로서 우리가 일반적으로 접하는 역사 기록에서는 흔하게 만나지 못하던 존재들인 덕분에 독자의 역사 인식을 넓고 깊게 할 수 있는 유의미한 저작이라 하겠다.

수년 전 대학원 수업을 통해 《희조일사》를 강독하기로 결정하고, 과정생 여럿과 함께 초벌 수준의 번역을 완성하였다. 상·하 2권 1책 분량으로 내용이 지나치게 길지 않고, 비교적 짧은 글 여러 편으로 이루어진 책인 만큼 역사 자료 해독 역량을 익히는 데는 딱 알맞은 책이었다. 그러나 국역본 출간을 결정한 후 초벌 수준의 번역을 다듬어 일반 독자들 눈높이에 맞도록 정제하는 과정은 생각보다 지난하였다.

《희조일사》의 상당 분량은 저자가 여러 서적에서 발췌한 기록을 담고 있는데, 간행 당시의 편집 과정에서 원전을 축약한 내용이 많아 짧은 부분도 있고, 그 의미를 알 수 없는 구절이 적지 않았다. 이러한 까닭에 초벌 번역에서 나타난 오류를 바로잡고 내용의 정확성을 담보하기 위해 많은 노력과 시간을 쏟았으며, 결과적으로는 거의 새롭게 번역을 하는 수준의 품을 들였다. 그럼에도 미처 다듬지 못한 내용이 있어 독자에게 누를 끼치지는 않을까 하는 걱정도 적지 않다. 다만, 이 책에 담긴 흥미로운 이야기가 더 많은 사람에게 가 닿을 수 있도록 여러 사람이 쏟은 정성과 노력이 조금이나마 전달되었으면 하는 바람이다.

오랫동안 작업을 하는 사이 석·박사 과정에 있던 학생들은 하나둘 자신만의 연구 성과를 내놓는 연구자로 성장하였다. 《희조일사》 국역본을 펴내기 위한 어려운 과정이 역사가로 자라나는 데 조금이나마 도움이 되었길 바란다. 아울러 이 책을 세상에 내놓게 된 성과가 그간의 노고에 다소나마 보답이 되기를 기원한다.

그리고 좋은 책을 번역하여 세상에 소개할 기회를 주고 물심양면으로 지원을 아끼지 않은 서해문집 김종훈 님과 편집부에 감사한 마음을 표한다.

2021년 7월

노대환

《희조일사》에 대하여

시대의 새로운 물결, 기록의 새로운 주체

현존하는 각종 문자 기록은 대개 지배층의 손으로 쓰이거나, 지배층을 대상으로 작성된 것들이다. 전근대 시기 문자는 곧 지배층의 전유물이었기 때문이다. 그러나 조선 후기의 다양한 사회적 변화로 인해 양반 중심의 사회 구조에 균열이 발생하였고, 이에 앞선 시기에는 볼 수 없었던 기록의 주체가 새롭게 등장하기 시작하였다.

조선 사회의 중간 계층인 중인은 신분의 한계로 인해 사회의 상부로 진출할 수 없었다. 하지만 그들은 뛰어난 글솜씨(文才)를 동력으로 조선 후기 문학계의 새로운 흐름을 만들어냈다. '골목길에 사는 평범한 사람들(委巷人)'의 힘으로 꽃을 피운 '위항문학委巷文學'이 바로 그 새 물결을 상징하는 이름이다. 1712년 역관 출신 홍세태가 엮은《해동유주海東遺珠》를 시작으로 연이어 세상에 나온《소대풍요昭代風謠》(1737),《풍요속선風謠續選》(1797),《풍요삼선風謠三選》(1857)과 같은 시문집은 위항인의 문학을 대표하는 성과다.

양반의 사회적 몰락이 가속화하는 가운데 사회·경제적으로 부상한

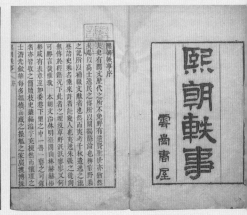

《희조일사》
한국학중앙연구원 장서각 소장

중인은 문학을 통해 양반이 독점하던 상류 문화를 공유하면서 자신들의 사회적 신분을 제고하였다. 아울러 중인은 통역관이나 궁중의 의관과 같은 실무직에서 활동하면서 그 능력을 인정받기도 하였다. 이처럼 신분의 굴레를 초월한 중인의 역량이 다방면에서 인정받게 됨에 따라 그들의 자존감은 고양되었다. 이에 전형적인 중인 가문 출신 인사를 중심으로 평민 혹은 스스로를 '위항인'이라 칭하는 양반까지 넓게 어우러진 새로운 문학계가 형성되었다.

초기에는 주로 시작詩作이 중심이던 위항문인의 활동 범위는 점차 넓어져 19세기 중반 즈음에는 산문散文 영역으로까지 확장되었다. 이에 비록 사회적 신분은 낮지만 뛰어난 역량을 가진 자신들의 삶을 글로써 갈무리하기 위한 노력이 가시적인 결실을 맺기 시작하였다. 1844년 간행된 조희룡의 《호산외기》와 1862년 나온 유재건의 《이향견문록》과 같은 서적은 조선 후기 위항문인이 저술한 새로운 형식의 전기류서傳記類書를 대표한다. 그리고 이 책들은《희조일사》라는 이름의 저작이 세상에 나올 수 있는 자양분이 되었다.

선인들의 삶을 엿볼 수 있는 새로운 창

《희조일사》의 저자 이경민은 19세기 중후반에 활동한 중인 출신 문인으로 본관은 강양江陽, 자는 원회元會, 호는 운강雲岡이다. 앞서 시문과 서예로 명성을 얻어 멀리 일본에까지 문명을 떨친 역관 이언진李彦瑱 (1740~1766)의 후손이다. 이경민은 역관을 많이 배출한 전형적인 중인 가문 출신이지만 일찍이 시문으로 이름이 났던 선조들의 뜻을 잇고자 문학에 전념하여 일가를 이루었다. 이에 지체 높은 양반들도 그를 뜻이 높은 선비(高士)로 대우했다고 전한다.《희조일사》의 첫머리에 예조판서 남병길南秉吉(1820~1869)이 쓴 서문이 수록되어 있고, 권말에 병조판서 윤정현尹定鉉(1793~1874)의 발문이 부기되어 있는 사실은 그의 폭넓은 교유를 상징한다고 하겠다.

이경민은 53세가 되던 1866년, 자신의 글방 운강서옥雲崗書屋에서 상·하 2권 1책으로 된《희조일사》를 편찬하였다. '성대한 우리나라(熙朝)의 알려지지 않은 사실(軼事)'이라는 뜻을 가진 이 책에는 남다른 행실과 탁월한 효행으로 이름난 이들을 비롯하여 학문과 기예가 절륜하고 절의가 높은 인물 등 총 85인의 간략한 전기가 수록되어 있다. 이경민의 손길에 의해 역사에 이름을 남기게 된 이들은 모두 중인이거나 평민 심지어 천민까지를 아우르는 사회의 기층민으로서 우리가 일반적으로 접하는 역사 기록에서는 쉽게 볼 수 없는 인물들이다.

주로 지배층의 손으로 기록된 역사를 배워온 우리는 은연중 지배층의 눈을 통해 과거를 바라봐왔는지 모른다. 많은 국민이 역사 지식을 평가하는 능력시험을 치르고, 텔레비전 예능 프로그램에서 역사를 공부하는 연예인을 흔히 볼 수 있을 만큼 역사와 친숙한 시대지만, 이 땅에 앞서 살다 간 평범한 사람들의 일상에 대해서는 아는 바가 많지 않은 것이 바로 이러한 까닭이다. 이와 같은 역사 인식의 공백을 메우고 선인들의 삶을 여실히 살펴보는 데 《희조일사》가 많은 영감을 제공해줄 것이다.

새로운 책장에 담긴 오래된 생각

이경민은 자신보다 앞선 여러 학자의 기록을 발췌·편집하여 《희조일사》를 간행하였다. 이 책의 첫머리를 살펴보면 우선 효우와 충의가 남달랐던 인물들의 전기가 수록되어 있다는 사실을 알 수 있다. 이를 통해 저자가 신분이나 출신과는 상관없이 유교적 도덕관념에 부합하는 인물들을 선정하여 그들의 이야기를 전하고자 하였음을 짐작할 수 있다. 관련 연구에 따르면, 19세기에 간행된 위항문인의 전기류 서적에서 이와 같은 편집 방식을 공통적으로 확인할 수 있다. 그러므로 기존의 기록들을 인용하여 엮은 《희조일사》에서 동일한 방식이 나타나는 것은 매우 자연스러운 현상이다. 이 책의 편찬 의도를 담고 있는 서문의 내용을 통해서도 이경민이 세속 교화와 인륜 계도를 위해 《희조일사》를 펴냈다는 사실을 분명히 확인할 수 있다.

《희조일사》는 19세기의 대대적인 사회 변화 속에서 세상에 나온 새로운 유형의 저작이다. 그럼에도 이 책이 조선 사회의 전통적 지배 이념과 윤리적 토대를 강화하는 데 일조하려는 간행 의도를 가졌다는 사실에 유의할 필요가 있다. 이경민은 빠른 속도로 변화하는 사회 분위기에 힘입어 종래의 신분 제약을 극복하고 상류 사회 문화에 동참할 수 있었지만, 그러한 과정에서 지배계층의 가치 덕목을 고스란히 내면화한 인물이다. 그러므로 유교적 도덕관념을 지킴으로써 기존의 사회 체제를 유지하려는 보수적 지향을 갖고 있었고, 그러한 저자의 성향은《희조일사》의 행간에 진하게 반영되어 있다.

하지만 그것이 전부는 아니다. 계속해서 책장을 넘기다 보면 효자와 충절인 이외에도 문학과 서화, 악기와 의술 등에 뛰어난 보통 사람들의 이야기가 풍부하게 수록되어 있다. 아울러 뛰어난 효심과 행실을 보인 평민 여성 혹은 기녀의 미담 또한 상세히 기재되어 있다. 이경민은 이름 없이 잊힐 평범한 사람들의 훌륭한 삶이 책장에 담겨 오롯이 전해지길 원했다. 다양한 계층의 생활인과 예술인, 사회 하층부 인물들에도 관심을 갖고 그들의 남다른 능력과 사회적 공헌을 긍정하였던 이경민. 그는 상류 계층이 아닌 기층부의 사람들도 사회 발전과 체제 유지에 힘을 보탤 수 있다는 사실을 인식한 것이다.

이경민은 조선 사회의 중간 지대에 존재하면서 상위 계층의 문화와 지배 이념을 하위 계층에까지 전파하고 공유하고자 노력한 인물이다. 평범한 사람들의 이야기를 한글이 아닌 한자로 기록하여 엮었다는 사실만으로도 저자의 의식적 지향이 사회의 상부로 향하고 있음을 알 수 있다. 그렇지만 이경민은 평범한 개인의 삶에서 역사에 남길 만한 훌륭한 가치를 발견하였으며, 천민·기녀와 같은 사회 최하층의 삶에도 관심을 가지고 그 일상의 몇 장면을 기록으로 남겼다. 이러한 사실은 분명 이전 시기 역사 기록에서는 쉽게 찾아볼 수 없는 유의미한 변화라고 이를 만하다. 이경민은 부지불식간에 강고한 신분 관념에서 벗어나 새로운 시대를 향해 발을 내딛고 있었다. 사농공상의 전통적 신분 질서가 무너지고 다양한 계층의 새로운 얼굴들이 사회의 주인공으로 등장하는 시대는 이미《희조일사》의 책장을 통해 현실이 되고 있었던 것이다.

차례

머리말 4

《희조일사》에 대하여 7

서문 14

희조일사 17

후서 238

서문

무릇 정사正史에 궐문闕文이 있는 것은 누대에 면치 못한 바이고, 야사野史에 유현遺賢이 있는 것은 성세聖世에도 오히려 그러한 것이었다. 이 때문에 고사高士와 일민逸民[1]의 전기는 세상에 묻혀 있는 것을 밝히기 위함이고, 패관稗官[2]과 야승野乘[3]의 기록은 문헌을 모으기 위한 것이다. 그러나 천추千秋의 유일遺逸[4]한 부류들을 살펴보면 사승史乘에 이름이 올라서 명성을 후대에 드리운 자가 몇이나 되겠는가. 이일夷逸과 주장朱張[5]의 무리도 오히려 경서에 전하지 않았는데, 하물며 이보다 더 아래로 초야에 매몰되어 어지러이 흩어진 이들은 또 어찌 말할 수 있는가? 오직 우리나라는 문치文治가 휴명休明하고, 대각臺閣과 산림의 선비들이 밝게 빛이 나 유일한 자들을 모두 알려 표장表章하고 있으나, 만약 일반 민간 가운데에서 하나를 잘하고 하나의 재주가 있어 기록할 만한 자들도 모두 모은다면 간독簡牘과 지사枝史, 총편叢編이 넘쳐나 집을 가득 채울 것이다. 그러나

---

1   학문과 덕행이 있으면서도 세상에 나가지 않고 민간에 파묻혀 지내는 사람을 뜻한다.
2   민간의 풍속이나 정사를 살피기 위해 민간에 떠도는 말을 기록하던 벼슬아치를 뜻한다.
3   민간에서 사사로이 지은 역사다.
4   유능한 사람이 등용되지 않아 세상에 나타나지 않은 사람이다.
5   이일과 주장은 《논어》〈미자〉에서 말하는 유능하지만 등용되지 않은 사람들이다.

순결하고 아름다운 품성의 선비들이 재주를 감추고 매번 그 능력을 숨겨버리니 글을 짓는 사람들이 널리 모으고 채집하더라도 오히려 훌륭한 이들을 빠뜨리게 되어 한탄스럽다. 이것이 뜻있는 자가 서글픈 감정이 일어 《희조일사熙朝軼事》를 짓게 된 까닭이다. 책 안에 실려 있는 몇 사람은 모두 민간에 은거하여 궁벽한 곳에서 나이 들고 세상을 떠났으므로 당시에 어떤 일을 시행하고 조치한 것이 없었으며, 이름을 알릴 곳에 부산하게 다니지 않았으니 그 본말本末과 종시終始가 어찌 이러한가? 비록 그 대강을 알 수는 없으나 그 한 가지 절개와 한 가지 능력이 다행히 한마디의 짧은 말과 글에 남겨져 전해오는 것이 있으니, 이는 마치 표범이 대롱 앞을 지나갈 때 대롱을 통해 보면 어쩌다 표범 전체 무늬 가운데 반점 하나만 보이는 것과 같지만, 사람의 마음과 눈을 움직이기에는 충분하다. 이로써 미루어 논의해본다면, 그 사람이 곰도 아니고 말곰도 아니며,6 유하혜柳下惠7도 아니고, 백이伯夷8도 아닌지를 누가 다시 헤아릴 수 있겠는가? 안타깝도다! 날카로운 칼인데도 반착盤錯9을 만나지 못하는구나. 답답하게 진토 속에 깊이 파묻혀 고풍高風과 아운雅韻, 운연雲煙이 모두 변하더라도 사라지지 않는 바이니, 오직 취우翠羽의 영금零金10과 초

---

6   《사기》〈제태공세가〉에 "주周 문왕文王이 어느 날 사냥을 나가면서 점을 쳐보니, '용도 아니요, 이무기도 아니요, 곰도 아니요, 말곰도 아니요, 범도 아니요, 비휴도 아니요, 사냥하여 얻을 것은 패왕의 보좌로다(非龍非彲非熊非羆非虎非貔 所獲霸王之輔)'라는 점괘가 나왔는데, 과연 위수渭水 가에서 강태공姜太公을 만나 후거後車에 싣고 돌아왔다고 한다"라는 구절이 나온다.

7   기원전 720~기원전 621년. 성은 전, 이름은 획, 자는 자금·계야. 거주했던 버드나무골이라는 의미의 유하가 호가 됐고, 혜는 문인들이 올린 시호다. 형제 사이에 현인과 악인이 있을 경우 현인으로 비유된다.

8   성은 묵태, 이름은 윤, 자는 공신이다. 동생인 숙제와 함께 상나라에 정절을 지킨 인물로 유명하다.

9   반근착절盤根錯節의 줄임말로, 처리하기 어려운 일을 의미한다.

10   취우령금에서 금취는 황금과 취옥으로 만든 장식물이라는 뜻이다. 취우령금은 금취모에서 떨어진 금 조각을 말한다.

15

동焦桐의 여향餘響[11]이 있어 죽은 후에야 비로소 알아주는 이를 만나 저 승에서 그윽한 빛을 발한다면, 이 또한 위로가 되는 바가 있을 것이다. 무릇 이미 세상을 떠나 저승에 있더라도 깊은 산중에 묻혀 있는 것보다 는 영화로울 것이다. 이제 책을 펴내면서 내가 말 한마디를 붙이게 됐지 만, 나의 말이 어찌 이 책의 무게에 부합하겠는가. 흩어져 없어진 것들을 모으고, 땅에 떨어진 도의 실마리를 찾아내며, 이미 흩어진 것들을 더하 여 그들의 업적이 다시 세상에 드러나게 됐으니, 이 책을 엮은 이의 고 심苦心과 치력致力이 진실로 감동할 만하다. 내 마땅히 사관들에게 질정質 定하여 문헌의 궐루闕漏에 대비하도록 할 것이다.

　　　　　　　　　　　　　　　　－ 병인년(1866, 고종 3) 음력 5월

　　　정헌대부正憲大夫 예조판서禮曹判書 남병길南秉吉[12]이 서문을 쓰다.

---

11 초동여향은 한나라의 채옹蔡邕(132~192)이 이웃 사람이 밥을 짓느라 아궁이에 넣은 오동나무가 타는 소리를 들었는데, 그 나무가 좋은 나무인 줄 알고 타다 남은 오동나무를 얻어 거문고를 만들 었더니 아름다운 소리가 났다고 한 고사성어다.
12 1820~1869. 본관은 의령, 자는 자상, 호는 육일제 또는 혜천으로 조선 후기의 문신·학자다. 관직 은 예조판서까지 올랐으며, 관상감제조도 겸했다. 수학과 천문학의 천재라고 불렸고, 특히 천문은 당대의 1인자라고 알려졌다.

희조일사

일러두기

1 이 책은 이경민李慶民(1814~1883)이 엮어서 펴낸《희조일사熙朝軼事》(한국학중앙연구원
   장서각 소장본)를 번역하고 주석을 단 것이다.

2 현대어로 번역하는 것을 원칙으로 하였으나 고유명사 등은 필요에 따라 한자를 병기하였으며,
   뜻을 풀어 쓴 경우 원문 한자를 괄호 안에 병기하기도 하였다.

3 인명은 성명 표기를 원칙으로 하였고, 원문에 성姓이나 이칭異稱 등으로 언급된 경우 성명을
   모두 밝혀서 번역하였다.

4 본문 중 서명은《 》, 편명은〈 〉안에 표기하였다.

5 각 인물의 설명문 하단에 엮은이가 원문에 부기한 원자료 출처를《 》안에 표기하였다.

한순계韓舜繼

옛날의 은자 가운데에는 저자에 숨어 사는 이들이 많았다. 설공薛公[1]은 아교를 팔며 한단邯鄲[2]의 저자에 숨어 지냈고, 한백휴韓伯休[3]는 약을 팔며 장안長安의 저자에 숨어 지냈다. 엄군평嚴君平[4]도 돈을 받고 점을 쳐주면서 성도成都의 시장에 숨어 지냈다. 그들의 뜻이 세상과 더불어 영원히 이별하는 것이었다면 산꼭대기나 물가에 숨었을 텐데, 스스로 비루한 일을 감내하며 저잣거리에서 숨어 지낸 것은 어떤 까닭인가? 시은市隱 한순계 선생이 숨어 산 것을 살펴본다면 그 마음이 처음부터 조급하여 스스로 은거함을 나타내고자 한 것이 아님을 알 수 있으니, 또한 어찌 저자인지 아닌지를 가렸겠는가? 오호! 이를 보면 그의 은거가 고귀했다는 것을 증험할 수 있다. 선생은 자가 인숙仁淑이고, 선조 대왕 때의 사람이다. 처음에는 교하에 적을 두었으나 중간에 송도松都로 옮겨와 살

---

1   전국시대 조나라 사람이다. 조나라의 수도 감단에 은둔하다가 이후 위나라에서 공을 세웠다.

2   현재 중국의 허베이성 한단시다.

3   자는 백휴, 이름은 강, 후한 시대 패릉 사람이다. 그는 이름난 집안의 후손이었으나, 그 명성을 피해 장안에서 30년 동안 약을 팔았다. 이로 인해 자신이 알려지자 이를 한탄하고는 패릉 산속으로 들어가 은둔했다.

4   이름은 준, 전한 시대 촉 땅의 성도 사람이다. 성제 때 성도에서 점을 쳐서 먹고 살았는데, 자신의 예언을 세상 사람들이 믿지 않자 세상을 버렸다. 이후 그는 점을 치면서 90세까지 살았다.

왔다. 어머니를 모시는 데 효를 다했는데, 맛있는 음식을 대접하지 못하는 것을 괴로워하여 동기銅器를 주조하여 팔았다. 그가 만든 그릇은 정교하고 치밀했으며 값 또한 일정했으니 사는 사람들이 날마다 선생에게 사러 가고 다른 장인들에게는 가지 않았다. 다른 장인들이 왕왕 손해를 보면 선생은 곧 "이익을 혼자서 차지할 수 있겠는가!"라고 말하며 양보하고 스스로 차지하지 않았다. 일찍이 구리를 사서 녹이는데 화로에 금이 튀는 것이 있어 살펴보니 동이 전부 금이었다. 즉시 북을 주조하는 일을 그만두고, 동이 거칠다는 이유를 들어 모두 걷어서 주인에게 돌려주었다. 이처럼 선생은 도를 어기면서 장사하지 않았고, 팔고 난 이익은 어머니를 봉양하기에 충분한 정도만 겨우 취했다. 그리고 그 나머지는 친척 중에 가난한 이들에게 나누어줬다. 어머니께서 돌아가시자 선생은 3년 동안 절인 채소를 먹지 않았으며 화로와 풀무, 거푸집을 모두 버리고 나서 죽을 때까지 다시는 시장에 나아가지 않았다. 이처럼 선생이 장사를 했던 것은 어머니를 봉양하기 위한 까닭이었던 것이다. 선생이 비록 장사를 업으로 삼았지만 자기 자신을 다스리는 것은 매우 엄격했고 집안사람들이 잘못이 있으면 그와 더불어 말하지 않아 스스로 두려워 뉘우치도록 했다. 밤이면 등불을 켜놓고 화로 옆에서 옛사람들의 책을 읽었는데, 의미가 있는 것이 있으면 모아서 밝히어 시를 지으니 매우 뛰어나 암송할 만한 것이 많았다. 화담花潭 서경덕徐敬德[5]은 선생이 함께 도에 정진할 만한 인물임을 알고 산에 들어가 학문을 연마할 것을 바랐는데, 선생은 어머니가 연로하다 하여 사양했다. 당시 문성공文成公 이이

---

5 1489~1546. 자는 가구, 호는 복재 또는 화담, 시호는 문강으로 조선 중기의 학자다. 그는 기일원론氣一元論을 주장했는데, 그의 학문은 이황李滉(1501~1570), 이이李珥(1536~1584) 같은 학자들에 의해 높이 평가됐다.

李珥나 문간공文簡公 성혼成渾 같은 현인군자도 항상 그를 찾아와 날이 저물 때까지 이야기를 나누었다. 그를 '시은市隱'이라 부르는 것도 두 현인으로부터 시작됐다. 유수留守 정언지鄭彦智가 장차 선생의 행실과 치적을 조정에 알려 조세와 부역을 감면해줄 것을 청하려 했는데, 선생이 말하길 "안 됩니다. 호戶가 있으면 군역을 해야 하고, 몸이 있으면 부역을 하는 것이 백성의 본분인데, 백성이 군역을 안 내고 역을 지지 않는다면 어찌 백성이겠습니까?"라고 했다. 또 세 아들을 정병正兵에 속하게 하고는 말하길 "본분에 마땅한 것이다"라고 했다. 이처럼 선생이 저자에 은거한 것이 본분에 맞게 은거한 것임을 알 수 있다. 선생은 59세에 세상을 떠났다. 죽기 전에 집안사람들에게 날짜를 알리고는 목욕하고 바르게 앉아 편안하게 세상을 떠났다. 붉은 기운이 방 안을 가득 채워 3일 후에야 사라졌다. 사내옹四耐翁 안경창安慶昌이 선생과 더불어 서로 교우가 깊었는데, 탄식하며 말하길 "남다른 사람의 죽음은 진실로 남과는 다름이 있구나"라고 했다. 사헌부司憲府 지평持平에 추증됐다.

―《보만재집保晚齋集》[6]

---

6 조선 후기의 문신 서명응의 문집으로, 총 16권 8책이다.

유희경劉希慶

유희경의 자는 응길應吉이다. 나이 열셋에 부친이 세상을 떠나자 흙을 져 날라다 장사를 치르고는 이어 무덤을 지키며 떠나지 않았는데, 인근의 승려가 이를 딱하게 여겨 무덤 옆에 흙으로 움막을 지어주고 죽을 쑤어 먹였다. 모친을 모시는 데도 효심이 지극했으니, 모친의 병이 오래되어 자리에 눕자 밤낮으로 곁에 있으면서 조금도 게을리 한 적이 없었다. 틈이 나면 깔았던 자리를 가지고 동소문東小門 밖 냇가에 나가 손으로 빨아 바위 위에 널어 말리면서 그 옆에 앉아 독서를 하니 보는 사람들이 그를 범상치 않게 여겼다. 일찍이 동강東岡 남언경南彦經[7]에게서 《문공가례文公家禮》를 배웠는데, 특히 상제喪制에 밝았다. 제사를 지내는 의례에 대하여 널리 고찰하여 고금에 달라진 점을 열심히 연구했는데, 마침내 치상治喪을 잘한다고 이름이 났다. 국상에서 질쇄質殺[8]를 사용할 것을 의논했으나, 그 제도를 잘 아는 사람이 없었다. 이에 공을 불러서 정하도록 했다. 사대부가에서도 상이 나면 반드시 공을 청하여 상례를 주관하도록

---

7 1528~1594. 본관은 의령, 자는 시보, 호는 동강으로 조선 전기의 학자다. 서경덕의 문인으로, 조선 최초의 양명학자로 알려졌다.
8 널의 시체를 감싸는 도구. 위의 것은 질, 아래 것은 쇄라고 한다.

했다. 임진왜란이 일어
나자 어가가 서쪽으로
거둥했는데, 공이 눈물
을 흘리고 비분강개하
며 의사義士를 불러 모
아서 관군을 도와 적을
토벌했다. 이 일을 선
조宣祖께서 들으시고는
포상하도록 하교하시
며 말씀하시기를 "희

《문공가례》
중국 남송 대 주희朱熹(1130~1200)가 예에 대하여 상술한
책이다. 국립제주박물관 소장

경, 네가 의기를 떨쳐 적을 섬멸하고자 했으니 너를 가상히 여긴다"라
고 하셨다. 당시 국가에 어려운 일이 많아서 중국의 사신이 연이어 왔는
데, 접대하는 비용이 너무 많이 들어 호조戶曹의 재정이 고갈됐다. 재상
이 이를 염려하니 공이 청하기를 "백인호白仁豪9 등 몇 사람을 불러 계
획을 물으면 일을 잘 마칠 수 있을 것입니다"라고 했다. 마침내 그들의
힘을 얻어 일을 잘 처리했다. 이 일로 통정通政10의 품계를 상으로 받았
다. 무오년(1618, 광해 10)에 역신 이이첨李爾瞻11이 모후인 인목대비仁穆大妃
를 폐할 것을 도모하면서 여러 부로父老를 위협하여 상소를 올리게 하고
이를 거스르는 자에게 형벌을 가했으나, 공만은 홀로 따르지 않았다. 평
소에는 이이첨과 친한 사이였지만, 이때에 이르러 그와 절교했다. 어느

---

9 ?~?. 본관은 수원, 자는 여일, 호는 국재로 조선 중기의 문신이다. 관직은 가선까지 올랐고, 임진왜
   란 중에는 나주와 춘천 등으로 피난했다. 시문이 여러 사람에게 언급됐다.
10 조선시대에 정3품 동반 문관에게 주던 품계다.
11 1560~1623. 본관은 광주, 자는 득여, 호는 관송 또는 쌍리로 조선 중기의 문신이다. 광해군 때 무
   오사화를 일으킨 이극돈의 후손이다. 그는 광해군 즉위 후 영창대군을 죽게 했고 폐모론을 주장하
   여 인목대비를 유폐시켰다.

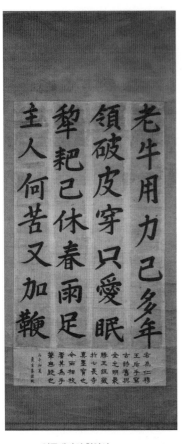

인목대비의 칠언시
선조의 계비인 인목대비(1584~1632)
가 큰 글자로 쓴 칠언절구의 시. 족자는
근대에 만든 것이다. 칠장사 소장

날 외출을 했다가 길가에서 마주쳤는데, 이이첨이 화를 내며 꾸짖자 공이 대답하길 "소인에게는 모친이 계시어 봉양하는 일에 바빠 공의 집에 갈 겨를이 없었습니다"라고 했다. 인조반정이 일어나자 대신들이 인조에게 공의 절개에 대하여 아뢰었다. 인조가 특별히 품계를 높여주라고 명했다. 처음에는 공이 제공諸公 사이에서 예로써 칭송을 받았는데, 이때에 이르러 제공이 그의 절개와 의리를 높이 사고 더욱 그를 공경하고 중히 여겼다. 박엽朴燁[12]이 의주부윤義州府尹을 지낼 때 성품이 몹시 사나워 사람 죽이기를 풀 베듯 했다. 공의 아들이 박엽에게 미움을 사서 박엽이 그를 죽이려고 했는데, 심문하다가 공의 아들인 것을 알고는 풀어주었다. 사람들이 이르기를 "공의 어진 덕이 박엽으로 하여금 그 사나움을 누그러뜨리게 했다"라고 했다. 공은 사람됨이 담담하고 조용하며 욕심이 적었고, 산수를 좋아했다. 집은 정업원淨業院[13] 아래에 있었는데, 바로 그 시냇가에 바위가 포개져 대를 이루고 있었다. 이에 '침류

---

12 1570~1623. 본관은 반남, 자는 숙야, 호는 국창으로 조선 중기의 문신이다. 광해군 때 함경도 병마절도사, 평안도 관찰사에 제수됐고, 이이첨을 모독하고도 무시할 만큼 명성을 떨쳤으나 인조반정 후 학정의 죄를 쓰고 사형됐다.
13 고려·조선 시대 도성 내에 있었던 여승방이다.

대枕流臺'라 이름을 붙이고 곁에는 복숭아나무와 버드나무 수십 그루를 심었다. 매년 봄이 되어 붉은 꽃과 푸른 잎이 계곡을 밝게 비출 때면 공은 당시唐詩 한 권, 궤안几案 하나, 술 한 독을 손에 들고 그 가운데에 앉기도 하고 눕기도 하면서 휘파람을 불고 시를 읊조리며 종일 유유자적했다. 스스로 호를 촌은村隱이라 했다. 공의 시는 여유롭고 맑아 당시唐詩에 가까웠다. 사암思庵 박순朴淳[14]이 공을 매우 칭찬했다. 공경대부들이 모두 침류대에 나와 노래와 시를 부르고 읊으며 화답했고, 사람들이 그 작품을 앞 다투어 서로 전하고 음미했다. 세상에서 이른바《침류대시첩枕流臺詩帖》[15]이라고 하는 것이 바로 이것이다. 영안위永安尉 홍주원洪柱元[16]이 날마다 공을 만나러 왔다. 인목왕후가 영안위가 자주 출타한다는 것을 듣고는 사람을 시켜 가보게 했더니 어떤 노인과 함께 반송盤松[17] 아래에 마주 앉아 있는 것을 보았다고 했다. 이때부터 영안위가 외출한다는 말을 들을 때마다 궁중의 고기를 내려주었다. 후에 이 땅은 궁궐 안으로 들어가 도총부 자리가 됐는데, 반송은 지금까지 남아 있다. 사람들이 그 나무를 알아보고는 "이것은 유 아무개가 손수 심은 것이다"라고 했다. 공은 나이가 이미 많았지만 정신과 기골이 강건했다. 사대부 가운데 금강산에 유람 가려는 자가 공에게 길 안내를 요청하면 공은 곧바로 용감하게 길을 나섰고 나이가 많다며 사양하지 않았다. 일찍이 정암靜庵 조광조

14　1523~1589. 본관은 충주, 자는 화숙, 호는 사암으로 조선 중기의 문신이다. 1565년 대사간이 되어 대사헌 이탁과 함께 윤원형을 탄핵하는 데 앞장섰다. 후에 이이가 탄핵됐을 때 그를 옹호하다가 도리어 탄핵을 받고 스스로 관직에서 물러나 영평 백운산에 암자를 짓고 은거했다.

15　규장각에 소장된《촌은구적첩村隱舊蹟帖》을 말한다.

16　1606~1672. 본관은 풍산, 자는 건중, 호는 무하당, 시호는 문의로 조선 후기의 문신이다. 1623년 (인조 1) 선조의 딸 정명공주와 혼인하여 영안위에 봉해졌다. 또한 자주 사은사로 임명되어 청나라를 다녀왔다.

17　키가 작고 가지가 뻗어서 퍼진 소나무다.

《촌은집》 목판
유희경(1545~1636)의 시문집인《촌은집村隱集》을 간행하기 위하여 만든 판목

趙光祖[18]의 현덕을 흠모하였는데, 도봉서원道峰書院[19] 창건은 공이 실로 주관했다. 공의 나이가 80세에 이르자 가의대부嘉義大夫로 품계가 올랐고, 훗날 아들 일민逸民이 원종공신原從功臣에 녹훈되자 공은 증자헌대부한성부판윤贈資憲大夫漢城府判尹에 추증됐다. 공은 숭정 병자년(1636, 인조 14)에 졸했으며, 나이가 92세였다. 슬하에 아들 다섯이 있었다.

－《유하집劉下集》[20]

18　1482~1519. 본관은 한양, 자는 효직, 호는 정암, 시호는 문정으로 조선 중기의 학자다. 중종 때 사림의 지지를 바탕으로 도학 정치의 실현을 위해 적극적으로 활동했다. 기묘사화로 인해 능주로 귀양 갔으며 한 달 만에 사사됐다.
19　서울특별시 도봉구 도봉동에 있는 서원이다. 1573년(선조 6) 지방 유림의 공의로 조광조의 학문과 덕행을 추모하기 위해 창건하여 위패를 모셨다.
20　조선 후기의 학자 홍세태의 시문집으로 총 14권 7책이다.

정윤鄭潤

동리東里 선생의 성은 정鄭, 이름은 윤潤이며, 자는 덕공德公이다. 아버지는 희교希僑다. 부자가 함께 속리산 아래에 은거하면서 늙어 죽을 때까지 산에서 나오지 않았다. 그래서 향인들이 그의 시호를 '동리 선생'이라 했다. 희교는 나이 열일곱에 윤을 낳았으나 아내가 일찍 죽었고, 윤도 가난하여 장가를 가지 못했다. 윤은 손재주가 많아 음식과 의복을 봉양함에 때를 잃지 않았고, 부인들보다 솜씨가 좋았다. 그래서 평생 희교의 밥상에는 생선과 고기가 오르지 않는 날이 없었고, 옷은 솜을 넣어 지어 매우 편하고 잘 맞았다. 하지만 윤은 도토리를 줍고 나뭇잎을 엮어 스스로 굶주림과 추위에 대비했다. 이 때문에 윤의 나이 마흔일 때 이미 아버지 희교보다 더 늙어 보였다. 기거하는 방은 사방이 한 장丈이었는데, 책 1000여 권을 쌓아두어 책이 차지하는 공간이 사람이 거처하는 공간의 배나 됐다. 윤이 어릴 때 사람들이 간혹 희교에게 "윤을 장가들이라" 하고 권하면 희교는 매번 손을 저으며 말하길 "그만하시오. 내가 차라리 자손이 없을지언정, 이 책이 없는 것은 안 되오"라고 했다. 이는 비단 희교가 책을 좋아하는 습관이 있었기 때문만이 아니라, 책이 대대로 전하여온 것임을 중히 여겼기 때문이다. 윤이 장성하여 밭을 갈거나 나무를 하거나 낚시를 할 때면 반드시 책을 가지고 다녔으며, 밤에는 가시나무를 때서 계속 불을 밝혔다. 이윽고 우하지서虞夏之書[21]와 선진先秦·한漢·위魏의 시, 역사歷史·경전經傳·제자諸子·시문집詩文集을 늘 마음에 두고 외워 한 글자도 빠뜨림이 없었다. 희교는 논책論策[22]을 잘했고 윤은 시부詩賦에 뛰어났다. 마을의 자제 중에서 배우기를 청하는 사람이 있으면 그들을 밭두둑에 앉혀놓고 붓과 벼루를 밭 사이에 두어 나란히 밭 갈기를 했는데, 이를 다 마치면 이미 글 한 편이 완성됐다. 사람들이 왜 과거를 보지 않고 이처럼 고생을 하느냐고 물으면 희교는 웃으면서 말하길 "과거로 벼슬길에 나아가는 것이 어찌 밭을 갈면서 할 수 있는 일이겠는가?"라고 하니, 물은 자들이 더욱 그의 높은 뜻에 감탄했다. 희교는 죽을 때 나이가 여든이 넘었고, 윤 또한 일흔이었다. 그런데도 수의를 입히고 염을 하고 봉분을 만들고 나무 심는 일을 몸소 다하며 다른 사람들의 손을 빌리지 않았다. 그리고 모든 책을 함께 묻었다. 여막을 짓고 살면서 상을 마치고 다시는 밭을 갈거나 고기를 잡지 않았다. 그가 말하기를 "부모가 계시지 않으니 내가 입고 먹는 것을 걱정할 필요가 없다. 오직 풀뿌리를 씹고 물을 마시면 그뿐이다"라고 했다. 윤은 죽음에 임박하여 친척들에게 아버지의 무덤 곁에 장사지내 달라고 부탁했다. 윤 또한 나이가 80세였다.

－《추재기이秋齋紀異》[23]

---

21 《서경書經》의 〈우서〉와 〈하서〉, 즉 순과 우 시대의 글이다.

22 시사 문제 따위에 대한 방책을 논한 글월 또는 그러한 문체를 말한다.

23 조선 후기의 위항委巷('서민의 거리'라는 뜻) 시인 조수삼이 쓴 시문집이다.

김창국金昌國

김창국은 강화도 사람이다. 집안은 가난하지만 그는 진무사鎭撫使[24]의 친교로 예속되어 있을 때 밤마다 옛사람의 책을 읽으며 즐거워했다. 부모를 섬김에 효성이 지극하여서 음식 중에 혹 잘못하여 모래나 돌이 들어 있으면 반드시 그 아내를 매질했고, 그 아내 또한 울며 뉘우치는데 원망하는 뜻이 없었다.

우리나라 풍속에는 매년 초, 반드시 점쟁이에게 운수를 묻는 것이 있는데, 김창국이 아버지의 수명이 얼마나 될지 물었다. 점괘에 이르기를 '12년을 넘지 않을 것'이라 하자, 김창국은 말을 잇지 못하고 눈물을 흘렸다. 이로부터 매일 목욕재계하고 마니산의 신에게 기도했는데, 바람이 불거나 비가 오고 춥거나 더워도 잠시도 게을리 하지 않고 하루에 두 번 기도했다.

12년이 지나도 아버지가 죽지 않자, 군현에서 조정에 보고하기를 "김창국의 10년 기도가 그 아버지의 목숨을 연장시켰으니, 지극한 효심입

---

24 조선 후기에 설치된 강화도 진무영의 종2품 관직이다. 진무영은 강화도의 해방 군무를 관장하는 군영으로 1700년(숙종 26) 설치됐다.

양씨상감문

정려문은 충신·효자·열녀 등을 기리기 위해 그 동네에 세우는 문이다. 이 사진의 정려문은 양산숙 일가
일곱 명을 기리기 위해 인조 13년(1635)에 세운 것이다. 양산숙은 임진왜란 때 진주성전투에서 왜군과
싸우다 김천일 장군과 함께 순절한 무인이다. 광주광역시 광산구 소재

니다"라고 했다. 조정에서는 정려문_{旌閭門}을 세우고 '해동검루_{海東黔婁}'[25]
라고 했다.

－《석재고_{碩齋稿}》[26]

---

25 검루는 중국 전국시대 양나라 사람인 유검루를 이르는 것으로, 그는 아버지가 병이 들어 위독하자
    변을 맛보아 병세를 짐작했으며, 저녁이 되면 북극성을 향해 절하며 아버지의 병을 대신하게 해달
    라고 기도를 올렸다고 한다.
26 조선 후기의 문신 윤행임의 시문집으로 총 20권 11책이다.

박태성 朴泰星

효자 박태성의 선조는 밀양密陽 사람이다. 박태성은 어렸을 적 한성에서 살았는데, 한성 사람들이 그를 '박 효자'라고 불렀다. 늙어서는 고양高陽의 청담淸潭에 살았는데, 청담 사람들이 그가 사는 곳을 일러 효자동孝子洞이라 했다. 박태성이 태어난 지 3년 만에 아버지가 돌아가셨는데, 조금 나이가 들자 무릎을 꿇고 어머니에게 고하기를 "살아 계실 때는 얼굴을 뵙지 못하고 돌아가셔서는 상을 치르지 못했으니 제가 어디에 마음을 쓰겠습니까. 청컨대 추복追服하겠습니다"라고 했다. 어머니가 난색을 표하며 말하기를 "네 아버지가 불행하게도 일찍 돌아가셨지만, 내가 참고 사는 것은 너 때문인데, 너는 죽은 사람을 위해 죽기보다는 산 사람을 위해 사는 것이 낫지 않겠느냐. 다행히 무사히 자라게 된다면 비단 산 사람도 할 말이 있을 뿐 아니라, 죽은 자도 죽은 게 아닌 것이다"라고 하자 박태성은 눈물을 흘리며 공경히 명을 받들어 마침내 추복을 하지 않고, 훈육葷肉[27]을 멀리하며 3년간 죽을 먹길 원하니, 어머니 역시 더 이상 강요하지 못했다. 어머니가 일찍이 병으로 몸져눕자 박태성은 의대衣帶

27　파, 마늘 등의 냄새 나는 채소와 날고기다.

수질(위)과 요질(아래)
상복을 입을 때 머리에 두르는 둥근 테가
수질, 허리에 두르는 띠가 요질이다. 국립
민속박물관 소장

를 풀지 않고 봉양했는데, 죽도 반드시 직접 끓였으며 약도 반드시 먼저 맛보았다. 평생 동안 재물을 사사로이 모으지 않았으며 쓸 때도 대강 쓰는 일이 없었다. 일이 있으면 반드시 어머니께 여쭌 다음에 행했다. 어머니를 봉양한 지 46년 만에 어머니가 돌아가셨다. 어머니가 돌아가신 지 17년이 되는 해는 아버지가 세상을 뜬 해였는데, 아버지의 묘에 가서 성용成踊,[28] 좌단左袒,[29] 질絰, 참최斬衰[30]를 행하고, 또 저장苴杖[31] 짚기를 처음 상을 당한 것처럼 했다. 산 아래 여막을 짓고 하루에 두 번 무덤에 올라 슬프게 울었는데, 비록 바람이 불고 눈이 내려도 그만두지 않

았다. 산길은 위험한 바위가 많고 물살이 거세며 수풀이 빽빽하여 인적이 끊어졌는데, 맹수와 길에서 마주쳐도 편안하게 지냈다. 서리 내리는 새벽이나 달빛 어두운 밤에 홀로 걸으며 그림자를 돌아보는 모습이 숙연하여 도깨비도 감히 놀리지 못했다. 어떤 새가 박태성과 함께 울어대곤 했는데, 항상 같은 곳에 머물면서 박태성이 큰 소리로 곡을 하면 새

28 상례에서 발을 세 번 구르며 슬퍼하는 의식이다.
29 아들은 부친상을 당했을 때 왼쪽 소매를 꿰지 않는다는 말이다. 반면 모친상을 당했을 때는 오른쪽 소매를 꿰지 않는다.
30 아버지의 상에 입는 상복인데, 이는 거친 베로 만들고 소매의 아랫단을 꿰매지 않는다.
31 상에 상주가 짚던 검은빛의 대나무 지팡이로 상주인 아들이 아버지의 상에 사용하는 것이다.

도 따라서 떠들썩하게 지저귀고, 곡하기를 그치면 또한 따라서 그쳤다. 새는 메추라기의 몸에 비둘기 색깔이었는데, 사람들이 끝내 이름을 짓지 못했다. 이사천李槎川,[32] 조현명趙顯命이 〈이조시異鳥詩〉를 지었다. 여막에 거처하길 2년이 됐는데, 여러 아들에게 이르길 "나는 돌아가지 않겠다. 죽을 때까지 무덤 옆에서 살면 아버지의 한이 조금은 풀리지 않겠는가"라고 했다. 이에 집을 옮겨 그를 따르는 자가 많아서 4년 만에 마을을 이루니 관찰사가 장차 막하로 불러들이려 했지만 박태성은 굳이 사양했는데, 관찰사가 의롭게 여겨 이를 허락했다. 이때가 임금께서 재위하신 지 21년(1745, 영조 21)이었는데, 효도로 다스리는 데에 힘쓰셨으니 8도 군현으로 하여금 초야에서 절행節行이 탁월한 자를 찾아내게 했다. 고양군수가 박태성을 아뢰자 그 마을에 정표를 세우라 명했다. 박태성이 황송하여 감히 받지 못하겠다고 하자 어떤 사람이 설명하기를 "임금의 명이니 어길 수 없습니다"라고 했다. 이에 향리의 자제들이 함께 정표를 완성했는데, 정旌에 쓰기를 '효자 박태성의 문'이라 했다. 아아, 아름답도다. 찬하기를 "내가 이인석李寅錫에게 들으니 효자의 며느리 집안이 재산이 넉넉했는데 소송하기를 잘하는 자가 있어 관가에서 재산을 공평하게 나누는 데 박태성도 참석하게 됐다. 그러나 의롭지 않은 방법으로 재산 얻는 것을 부끄러워하여 사양하며 받지 않았다. 박태성은 매우 가난하여 포의布衣가 해져서 허리뼈를 가리지 못했는데도, 몸을 단속하고 지조를 지키는 것이 곧 이와 같았다. 선비는 반드시 재물에 청렴하게 임해야 하고 그 후에 모든 일을 이룰 수 있으니 이 사람이 어찌 명성을 탐낸

---

32 1671~1751. 본관은 한산, 자는 일원, 호는 사천 또는 백악하로 조선 후기의 학자다. 그의 부모나 출신 배경은 알 수 없다. 시를 매우 잘 지었으며, 1만 300여 편의 시를 지었다고 하나, 현전하는 것은 500편 정도다.

자이겠는가." 주자朱子께서 이르시기를 "추복의 뜻은 또한 후덕한 것에 가깝다"라고 했는데, '예에 딱 맞는 것'이라 말하지 않고 '후덕한 것에 가깝다'고 한 것은 후세의 교훈이 될 수 없기 때문이다. 후세의 교훈이 될 수 없다고 한 것은 사람들은 미칠 수 있는 바가 아니기 때문인데, 박태성은 미칠 수 있었다.

– 좌랑佐郎 이맹휴李孟休[33]가 짓다.

33　1713~1751. 본관은 여주, 자는 순수로 조선 후기의 문신이다. 실학자 이익의 아들이다. 1735년(영조 11) 진사에 오르고, 1742년(영조 18) 영조의 특명으로 한성부주부에 제수됐다. 《춘관지》 편찬에 참여했다.

홍차기洪次奇

동자童子 홍차기는 충주忠州 노은동老隱洞 사람이다. 어머니 배 속에 있을 때 아버지 홍인보洪寅輔가 살인죄에 연루되어 투옥됐다. 아들에게 젖을 먹인 지 수개월이 되자 어머니 최씨崔氏는 원통함을 호소하러 서울로 갔고, 차기는 작은아버지가 길렀다. 차기는 작은아버지를 아버지라 불렀는데, 자신이 홍인보의 아들이라는 것을 몰랐다. 겨우 몇 살이 됐을 때 아이들과 어울려 놀다가 갑자기 놀라 울더니 밥을 먹지 않았다. 유모가 그 이유를 물었지만 답하지 않고 한참 후에 그쳤다. 이와 같은 일이 한 달에 세 번 있었는데, 집안사람들이 괴이하게 여겼다. 나중에 읍에서 사람이 나와서 말하길 차기가 울었던 날은 충주 관아에서 죄인을 심문한 날이었다. 이를 들은 이들이 모두 기이하게 여겼다. 집안사람들은 그러한 것을 보고 차기의 마음이 상할까 두려워 더욱 아버지의 일을 숨겼다. 차기가 열 살이 됐을 때 홍인보는 나이가 많은데도 출옥할 기약이 없음을 생각하니 하루아침에 목숨이 끊어져 아들 얼굴을 못 보게 될까 두려운 마음이 들었다. 이에 집안사람들에게 사실을 알려주고 차기를 옥문에 데려오게 하니, 차기가 아버지를 안고 통곡했다. 이때부터 읍내에 머물면서 돌아가지 않고 땔감을 져다가 쌀로 바꾸어 아버지를 공양했다.

읍내에 머문 지 몇 년이 흐르도록 어머니 최씨는 누차 상언을 했지만 대답을 받지 못하고 서울에서 객사하고 말았다. 차기는 어머니 시신을 모시고 돌아와 장례를 치르고서 아버지에게 말하기를 "어머니께서 아버지의 원통함에 대해 송사했지만 한을 머금으신 채 돌아가셨습니다. 게다가 장성한 자식이 없으니 제가 비록 어리지만 제가 가지 않으면 누가 다시 아버지를 죽음에서 벗어나게 하겠습니까"라고 했다. 아버지는 자식이 연약한 것을 안쓰럽게 여겨 허락하지 않았다. 차기는 몰래 길을 나섰다. 마침내 걸어서 서울에 들어와서는 신문고를 쳤다. 이 사안이 관찰사에게 이첩됐지만 역시 대답을 듣지 못했다. 차기는 서울에 남아 돌아오지 않았다. 이듬해 여름 큰 가뭄이 들자 임금께서 도성과 지방의 중죄인들에게 억울함이 없는지 다시 한 번 살펴보도록 하셨다. 차기는 대궐 아래에 엎드려 있다가 조정에 나아가는 공경대부를 만날 때마다 슬피 울면서 억울함을 호소했다. 10여 일이 되자 이를 본 사람들 가운데 감동하지 않는 사람이 없었다. 왕왕 밥을 내어다 먹이기도 하고 머리를 빗겨 이를 잡아주기도 했다. 형조판서 윤동섬尹東暹[34]이 죄인들을 살피는 일을 논의하고자 입대入對하여 그 상황을 아뢰자 임금께서 측연惻然히 여겨 관찰사에게 상세히 살펴본 후 아뢰라고 하셨다. 관찰사는 옥사가 오래되어 사안이 불분명하다고 아뢰고 어떻게 처리할지 여쭈었는데, 임금께서 특별히 사형을 면제하고 영남으로 귀양 보내라고 명했다. 처음 명이 관찰사에게 내려졌을 때 차기는 무더위를 무릅쓰고 300리 길을 달려와 관찰사의 감영을 찾아가 울부짖으며 아버지의 목숨을 빌었다. 상주문이 갖추어졌을 때 차기는 또 역마보다 빠르게 달려갔는데, 서울까지 100

---

34 1710~1795. 본관은 파평, 자는 덕승, 호는 팔무당으로 조선 후기의 문신이다. 공조판서·평안도 관찰사·우참찬 등을 역임했다. 서예에 뛰어나 정조 연간까지 궁중의 서사를 담당했다.

리를 남겨놓고 병이 나고 말았다. 따르던 사람이 조금 쉴 것을 권했지만 차기는 그럴 수 없다며 업힌 채로 서울로 가서 병을 무릅쓰고 대궐 아래에 엎드렸다. 천연두가 크게 난 지 4일 만에 인사불성이 됐는데, 수시로 헛소리하기를 "우리 아버지가 살아나셨는가?"라고 했다. 사면령이 내리자 곁에서 크게 외쳐 알려주었다. 차기가 놀라 깨어나 말하기를 "진실인가? 어찌 나를 위로하려 하는가?"라고 했다. 이에 판결문을 읽고 보여주었다. 차기가 똑바로 눈을 뜨고 보면서 하늘을 우러러 감사함을 빌고 세 번이나 펄쩍 뛰고는 춤을 추며 말하기를 "아버지가 살아나셨다! 아버지가 살아나셨다!"라고 했다. 마침내 쓰러져서는 말을 하지 못했다. 그날 밤 차기는 끝내 죽고 말았는데 이때 나이가 14세였다. 원근에서 이 소식을 들은 사람 중에 차기를 위해 울지 않는 사람이 없었다. 아버지가 옥에 들어가던 해에 태어나서 아버지가 옥에서 나오던 날 죽었으니 하늘이 그를 태어나게 한 것은 거의 우연이 아닐 것이다. 옛날에 효에 따라 죽는 이들 가운데에도 이와 같이 효열孝烈이 있는 자는 없었다. 슬프다.

－《이계집耳谿集》[35]

---

35   조선 후기 문신 홍양호의 시문집으로 38권 17책이다.

김중진金重鎭

동자童子 김중진은 여염집의 아이로 아버지의 이름은 학만學萬이다. 태어난 후 집에서 공부를 가르친 적이 없으나 다섯 살에 글을 읽을 줄 알았으며, 한 번 보면 다 외웠다. 늘 부모의 곁에 머물면서 식사 때에는 모시고 앉아 맛있고 배부르게 드시는지 살폈으며, 잠자리에 드실 때면 자리가 차지는 않은지 만져보았다. 조상의 제사를 지내는 날에는 어른들과 함께 목욕재계하고 일을 거들었는데, 어느 날은 중진이 잠깐 잠든 참에 일부러 말을 해주지 않았더니 중진은 그날이 저물 때까지 아무것도 먹지 않았다. 무릇 글에 나오는 효제孝悌의 도리와 쇄소灑掃의 범절을 하나같이 우러러 실천하는 데 미치지 못한 듯 힘을 다했다. 문학에 큰 성취가 있었고 하는 말이 빼어났으니 학식이 높은 이들이 모두 놀라 뒷걸음치고 돌아보면서 탄복했고, 일세의 신동으로 불리었다. 어머니가 염병에 걸리자 간호를 하면서 여러 밤을 뜬눈으로 지새웠고, 어머니가 돌아가시자 계속 곡소리를 내며 물 한 모금도 입에 대지 않았다. 장례를 치르는데 예를 지키는 것이 모두 어른과 같았는데, 장례를 치른 후 아버지에게 말하기를 "소자가 평소 잠시도 어머니 곁을 떠난 적이 없었는데, 지금 차마 어머니를 떠나보낼 수 없으니 3년 동안 시묘하고자 합니다"

라고 했다. 아버지는 이를 매우 이상하게 여겨 들어주지 않았는데, 중진이 이때부터 수시로 울며 간청하니 아버지가 측은히 여겨 말하기를 "네가 만약 시묘살이를 한다면 나는 누구와 함께 살겠느냐. 그리고 열두 살짜리가 시묘살이를 한다는 것 또한 들어본 적이 없다"라고 했다. 김중진이 말하기를 "시묘하는 것은 3년밖에 되지 않지만 아버님을 봉양하는 것에는 끝이 없습니다. 옛날 촌은 유희경은 13세에 아버지의 묘 곁에서 여막살이를 하면서 늘 마음으로 그리워했는데, 어찌 어리다는 이유로 지극한 정을 막겠습니까?"라고 했다. 아버지가 어쩔 수 없이 시묘살이를 허락하자 바로 묘 아래에 거처하며 하루에 세 번 곡을 했고, 살피고 청소하는 것을 게을리 하지 않았다. 이같이 하기를 반년 만에 병이 나서 집에 실려 오니, 의원이 치료해도 효험이 없었다. 죽기 전에 말하기를 "소자가 이제 죽으니 불효가 큽니다. 다만 어머니를 제대로 장사 지내지 못한 채 해를 넘기게 됐으니, 이것이 더욱 마음 아픕니다. 부디 서둘러 길지에 완전하게 장사를 지내주시길 바랍니다"라고 말을 마치자마자 죽었으니, 나이는 겨우 열세 살이었다. 길 가던 사람들이 이 소식을 듣고는 눈물 흘리지 않는 이가 없었다.

−《성재집省齋集》[36]

---

36 조선 후기의 역관이자 시인인 고시언의 시문집이다.

김익춘金益春

김익춘은 성품이 차분하고 독서하기를 좋아했다. 어려서는 범상치 않은 뜻이 있어 스스로 성현의 옳은 학문을 가장 훌륭한 것으로 여겼으며, 귀천에 얽매이지 않고 학문에 매진했으나, 그의 아버지와 형은 모두 익춘이 학문하기를 바라지 않았다. 익춘은 글을 더욱 많이 읽으며 스스로 힘써 18세에 사재감司宰監37 서원書員이 됐는데, 매번 입번할 때마다《논어論語》를 품에 넣고 들어가 읽기를 잠시도 멈추지 않았다. 다른 이들이 모여서 그를 비웃었고 또한 그 글 읽는 소리를 싫어하여 심지어 욕하고 꾸짖기까지 했지만, 익춘은 뜻을 굽히지 않고 태연자약했다. 무신년(1788, 정조 12) 여름에 익춘이 나(박윤원朴胤源38)를 찾아와서는 수업 받기를 청했다. 내가 그의 모습을 보고 말소리를 들어보니, 진실로 학문에 뜻을 가진 사람이었다. 이때부터 수시로 찾아와 재빨리 품 안의 책을 꺼내 글 가운데 뜻을 모르는 부분을 물어보았으며, 어려운 것을 질문하는 것이 사뭇 많았다. 당시 익춘의 나이가 스무 살이었는데, 아직 장가를 들지 못한 채

---

37 조선시대에 어량魚梁과 산택山澤에 관한 일을 담당했던 관청이다.
38 1734~1799. 본관은 반남, 자는 영숙, 호는 근재로 조선 후기의 학자다. 김원행과 김지행의 문하에서 배웠다. 벼슬하지 않고 학문을 깊이 연구하여 학자들로부터 추앙받았다.

《근사록》
송나라의 유학자인 주희와 여조겸이 주돈이의《태극도설》과 장재의《서명》·《정몽》등에서 긴요한 장구만을 골라 편찬한 일종의 성리학 해설서. 국립중앙박물관 소장

모친상을 당했다. 하루는 내가 마침 책상 위에 《격몽요결擊蒙要訣》을 두었기에 익춘으로 하여금 가져다가 읽게 했다. 익춘이 그 책을 읽다 〈사친장事親章〉의 "세월이 흐르는 것처럼 빨라 부모를 섬기는 것을 오래할 수 없구나"라는 구절에 이르러서는 눈물을 줄줄 흘렸다. 이의승李義勝[39]이 익춘과 가장 친했다. 일찍이 이의승의 종인從人 집에 가서《근사록近思錄》을 빌려다 읽었는데, 초저녁부터 등불 아래 바로 앉아 읽고 또 읽어 동이 틀 때까지 잠을 자지 않았다. 황치온黃稚溫이 사재감의 직장이 됐는데, 한번은 칭찬하며 말하기를 "아랫사람들 중에 학문에 통달한 자는 바

---

39   1665~1698. 본관은 용인, 자는 승혜, 호는 원옹으로 조선 후기의 학자다. 당대에 뛰어난 문장가였던 오도일吳道一(1645~1703)로부터 재주와 학식을 인정받을 만큼 시로 유명했다.

로 익춘이다"라고 했다. 스스로 '관부에서 일하는 것이 심히 독서를 방해하니, 차라리 굶주림을 참고 돈을 위해 굽히지 말자'라 생각하며 관에 고하고 스스로 물러나고자 했으나 그의 아버지와 형이 모두 꾸짖으며 만류하니 항상 답답해했다. 모친상을 채 마치기도 전에 아버지도 돌아가시니 익춘은 서럽게 울면서 살고자 하지 않았다. 장사를 지내고자 할 때 양친의 상을 함께 치르는 의례가 있는지 나에게 와서 질문했다. 장례를 마치고는 결국 슬픔을 이기지 못하고 죽으니 그의 나이가 스물 남짓이었다. 금상今上 18년 갑인년(1794, 정조 18) 여름에 가뭄으로 인해 효행과 절행이 있는 자들 중에 아직 포상을 받지 못한 이들을 수소문했다. 이때 이르러 익춘도 정려旌閭의 명을 입게 됐다.

－《근재집近齋集》40

---

40 조선 후기의 학자 박윤원의 시문집으로 총 32권 16책이다. 한편 김낙서金洛瑞의《호고재집好古齋集》에 또 다른 김익춘의 전기가 실려 있다.

윤명상尹明相

윤명상은 본관이 파평이다. 날 때부터 성품이 지극하여 부모를 섬기는 데 자신의 몸을 다 바쳤다. 윤명상이 어렸을 때 아버지가 그를 매질하고 자 했는데, 때마침 날씨가 추우니 명상은 오히려 회초리를 화로에 데운 후에 아버지께 드렸다. 장성하여서도 부모에 대한 사랑이 지극하여 이와 같은 마음으로 효심을 널리 편 것이 많았으니, 효를 행하는 데 시종일관 유감이 없었다고 한다. 그 후에 어머니께서 동생의 젖을 먹여 기르다 돌아가셨는데, 명상 역시 젖 먹을 나이의 아들이 하나 있었다. 명상은 자신의 부인으로 하여금 동생에게 젖을 먹이게 하고, 늙은 여자 종으로 하여금 자신의 아들에게 젖을 먹이게 했다. 그 후 동생은 마침내 온전했 지만 자신의 아들은 젖이 끊겨 죽음에 이르렀는데, 부인 역시 감히 말을 할 수 없었다. 나(남유용南有容)의 집은 명상의 집과 이웃했는데, 어릴 때 그 집 앞을 지나가면 반드시 곡소리가 들려 매우 슬펐다. 지나가던 사람이 혹 탄식하며 말하길 "이는 윤 효자의 소리다"라고 했다. 그러나 명상은 지조가 굳고 고지식하여 남을 용납하지 않았다. 다른 사람의 불의를 보면 매번 성을 내며 면전에서 꾸짖은 연후에야 그치고 조금도 참지 않았 다. 사람들이 그를 많이 꺼리고 미워했지만, 그의 효성에 대해서는 비록

大學士致仕尝淵南大清公五十一歳真

壬戌改粧

남유용 초상

남유용(1698~1773)은 본관은 의령, 자는 덕재, 호는 뇌연 · 소화로 조선 후기의 문신이다. 1747년(영조 23)에 영조에게 군덕10조를 진언했고, 1754년(영조 30)에는 원손보양관이 되어 세손이던 정조를 가르쳤다. 시문집인《뇌연집》을 남겼다. 국립중앙박물관 소장 그를 미워하는 자라도 부정하지 못했다고 한다. 명상의 부인이 젖을 먹여 기른 아우의 이름이 명시였는데, 또한 덕행이 있었다. 명상이 마침내 자식 없이 죽자 명시는 자신의 아들을 입양시켜 형의 제사를 잇도록 하고, 자신은 먼 친척의 자식을 취하여 후사로 삼았으니 명상의 은덕에 보답한 것이라 한다.

의양자宜陽子(남유용)가 말한다. 명상과 동시대에 현택玄澤 김원경金遠卿이란 사람이 있었는데, 그 또한 지극한 효성으로 알려졌다. 김원경은 모친상을 치르면서 슬픔이 지나쳐 죽음에 이를 정도로 사람됨이 고결했는데, 의로움을 보면 반드시 행하니 자못 명상과 같은 부류였다. 돌아보건대 예에 돈독했고, 집에 거주할 때는 삼가고 순박하여 그 여유로운 모양새에 덕이 높은 사람의 풍모가 있었다. 나의 맏형(남유상南有常[41])은 평생 동안 사람을 사귐에 신중했는데, 오직 원경만은 마음에 들어 했다. 늘 말씀하시기를 "세상에서 예를 알지 못해 원경이 편협하다고 의심하지만 원경은 실로 편협하지 않다. 예에 삼갈 뿐이다"라고 하셨다.

－《뇌연집雷淵集》

---

[41] 1696~1728. 본관은 의령, 자는 길재, 호는 태화자로 조선 후기의 문신이다. 1713년(숙종 39)에 진사가 됐고, 1728년(영조 4) 소론의 영수 이광좌를 배척하다가 영암으로 유배됐다.

송규휘宋奎輝

송생宋生 규휘의 아버지는 송시성宋時聖으로 효를 행하다 죽었다. 관청에서 조정에 보고하니 임금께서 한성부좌윤을 추증하라 명하시고, 마침내 정문旌門을 세워 표창했다. 송생은 어려서부터 스스로 다짐하며 말하기를 "나의 아버지가 효를 행하다 돌아가셨는데, 내가 부모에게 효도하지 못한다면 무슨 면목으로 저승에 계신 아버지를 뵐 수 있겠는가"라고 했다. 그리하여 그의 나이가 아버지의 나이에 이르렀을 때 이미 지극한 효성으로 알려졌다. 일찍이 아버지가 병이 나자 송생은 당황하여 걱정하는 기색이 얼굴에 나타났으며, 아버지가 약을 마신 연후에야 겨우 감히 물러나 밥을 먹었다. 목욕재계하고 하늘에 기도하며 자신이 아버지의 병을 대신하기를 바랐지만, 이미 어찌할 수 없게 되자 마침내 칼을 뽑아 손가락을 베어 흘러나온 피를 아버지의 입에다 넣으니 하루를 연명할 수 있었다. 이윽고 상을 당하자 어머니가 눈물을 흘리며 그에게 너무 슬퍼하지 말라고 타일렀으니 송생은 감히 목 놓아 울지 못하고 매일 한밤중에 일어나 앉아 어린아이처럼 울었다. 상을 마치고 아버지를 섬겼던 것처럼 어머니를 모셨는데, 아름다운 모습과 즐거운 얼굴로 하루도 어머니 곁을 떠나지 않았다. 어머니를 모시고 생활하는 것이 마치 어린

아이와 같았으니, 어머니로 하여금 늙었다는 것을 잊게 했다. 아내와 자식들에게 함부로 사사로이 재물을 갖지 못하도록 주의시켰으므로 집은 비록 가난했지만 어머니에게 맛있는 음식을 공양하는 것은 게을리 하지 않았으니 어머니로 하여금 가난하다는 것도 잊게 했다. 이처럼 30여 년을 하루와 같이 했다. 어느 날 저녁 어머니가 갑자기 병을 얻어 매우 위급했는데, 의원이 미처 당도하지 않자 또다시 손가락을 베었으나 효과가 없었다. 어머니의 상을 치를 때 하나같이 아버지가 돌아가셨을 때처럼 했으니, 이에 무덤 옆에 거처하면서 아침저녁으로 반드시 곡을 했다. 조문하러 온 손님들 가운데 눈물을 흘리지 않으며 돌아가는 사람이 없었다. 이때 송생은 이미 노쇠했는데 결국 병이 들고 말았고, 의원이 슬픔을 절제하라고 말했으나 (부모의 죽음에) 대한 슬픔이 갈수록 심해져 상을 치른 지 1년도 안 되어 끝내 죽음에 이르렀다. 오호라, 예가 사라진 지 오래구나. 지금의 사대부들은 상을 치르는 동안 벼슬살이와 잔치, 여악을 하지 않는 것만을 스스로 효라고 여기니 살아 계실 때나 돌아가실 때에 예를 다하는 사람이 거의 드물다. 송생과 같은 이는 예를 안다고 할 수 있다. 무릇 행실이 돈독한 사람을 추켜세우는 것은 세교世敎를 도탑게 하고 민풍民風을 두텁게 하여 후세에 근본이 있었음을 알리는 것이다. 송생이 행한 바를 살펴보면 법에 의거하여 효행을 표창함이 마땅할 것이다.

－《금릉집金陵集》[42]

42   조선 후기 문신 남공철의 시문집으로 총 24권 12책이다.

백대붕白大鵬

백대붕은 전함사典艦司[43]의 노비다. 시를 잘 짓고 술 마시기를 좋아했는데, 재능이 뛰어나고 성품이 굳건하여 열협烈俠의 풍모가 있었다. 일찍이 유희경과 함께 어울렸는데,[44] 두 사람은 모두 시로써 세상에 알려졌다. 일찍이 대붕이 시를 지어 읊조렸다.

술에 취해 수유꽃 꽂고 혼자 즐기다	醉揷茱萸獨自娛
온 산에 밝은 달빛 가득하니 빈 술병 베고 누웠네	滿山明月枕空壺
사람들아 묻지 마오! 무엇 하는 놈인지	傍人莫問何爲者
세어버린 머리로 모진 세상 살아가는 전함사의 종이라네	白首風塵典艦奴

그 호탕하고 굽히지 않음이 이와 같았다. 만력萬曆(1573~1619) 초에 통신

---

43 조선시대에 선박 관리와 조선·운수에 관한 일을 관장하기 위하여 설치됐던 관서다.
44 백대붕은 같은 신분의 유희경과 함께 유·백으로 불렸고, 위항인의 시 모임인 '풍월향도風月香徒'를 주도했다(허경진, 〈풍월향도와 백대붕〉,《목원어문학》5, 1985).

사 허성許筬[45]을 따라 일본에 갔다. 임진왜란 때는 순변사巡邊使 이일李鎰[46]을 따라 상주에서 싸우다가 죽었다. 당시 이일은 도망가고 그를 따라 종군하던 이들은 모두 순절하니, 나라에서 증휼贈恤[47]함이 매우 후했는데, 백대붕만 유독 휼전을 받지 못했다. 사람들이 모두 이를 애달프고 안타깝게 여겼다.

-《석재고》

45 1548~1612. 본관은 양천, 자는 공언, 호는 악록·산전으로 조선 후기의 문신이다. 1590년(선조 23)
    통신사의 종사관으로 일본에 다녀왔다. 1607년(선조 40) 선조의 유교遺敎를 받게 되어 세인들이
    고명칠신顧命七臣이라 칭하게 됐다.
46 1538~1601. 본관은 용인, 자는 중경으로 조선 후기의 문신이다. 1592년(선조 25) 4월 임진왜란이
    일어나자 경상도 순변사가 되어 북상하는 왜적을 상주에서 맞아 싸우다가 패주했다. 이후 1601년
    (선조 34) 부하를 죽였다는 살인죄 혐의를 받고 붙잡혀 호송되다가 정평에서 죽었다.
47 죽은 관원에게 장사나 제사 지낼 비용을 내리는 것을 의미한다.

문기방文紀房

문기방의 자는 중률仲律이다. 고려의 명신 강성군江城君 문익점文益漸[48]의 후손으로 대대로 장흥長興에 살았다. 아버지인 문형文炯이 집 위로 큰 별이 떨어져 그 빛이 지상에까지 미치자 주변 사람들이 방성房星[49]이라고 하는 꿈을 꾸었다. 놀라 잠에서 깨니 등에 땀이 흥건했다. 그날 밤 아들을 얻었으므로 이름을 기방이라고 지었다. 어려서 아이들과 놀 때 죽마를 타고 종이를 잘라 군기를 만들어 스스로 장군이라 칭하니 그의 명령에 따르지 않는 아이가 없었다. 15세에 사서를 읽다 〈장순허원전張巡許遠傳〉[50]에 이르러서는 비분강개하여 무릎을 치며 책을 덮고 눈물을 흘렸다. 문기방은 힘이 남보다 뛰어났으며 말을 타고 활쏘기를 잘했다. 종조제從祖弟인 명회明會와 함께 신묘년(1591, 선조 24) 무과에 급제하여 수문장에 뽑혔다. 임진년(1592, 선조 25)에 섬나라 오랑캐가 대거 쳐들어오자 기방은 명회와 함께 창의倡義하여 향병鄕兵을 일으켜 전라병사全羅兵使 이복남

---

48 1329~1398. 본관은 남평, 자는 일신, 호는 삼우당으로 고려 후기의 문신이다. 1360년(공민왕 9) 문과에 급제하여 1363년(공민왕 12)에 계품사로 원나라에 갔다. 귀국할 때 목화씨를 가지고 들어왔다.
49 이십팔수二十八宿 가운데 네 번째 별자리의 별들이다. 이는 말의 수호신으로 상징되기도 한다.
50 안사의 난 때 장순張巡(709~757)과 허원許遠(709~757)은 "수양은 강회江淮의 보장이다. 만약 이 성을 버리고 떠나면 적이 반드시 승세를 타고 깊이 쳐들어올 것이니, 그렇게 되면 강회는 없어질 것이다" 하고는 끝까지 수양을 지키다 전사했다.

李福男[51] 휘하에 들어가 종군했다. 정유년(1597, 선조 30) 8월, 적이 수성령宿星嶺을 넘어오자 병사 이복남이 순천順天에서 남원南原으로 왔는데, 사졸은 모두 흩어졌고 다만 편비編裨[52] 50여 명만 남아 있었다. 왜적의 선봉이 성 아래에 가까이 오자 기방은 명회와 함께 눈을 부릅뜨고 손에 침을 뱉으며 말하기를 "오늘 마땅히 죽음으로써 나라에 보답하겠다"라고 하며 북을 치면서 나아가 남문을 통해 입성하자 왜적이 성을 겹겹이 포위했다. 화살을 난사하여 적을 죽인 것이 셀 수 없이 많았다. 오른손 손가락이 모두 벗겨지자 다시 왼손으로 적에게 활을 쏘았다. 왼손 손가락 역시 벗겨지자 기방이 외치기를 "평생 동안 품어온 순국의 뜻은 허리 아래에 찬 옥룡玉龍검이 알리라!"라고 했다. 명회가 이어 외치기를 "전장의 북소리 속에서 힘이 다하니 그 누가 사직의 위기를 지탱하리오!"라고 했다. 적삼의 소매에 혈서를 쓰고는 마침내 병사 이복남과 함께 맨몸으로 부딪쳐 싸우다 죽으니 이날이 곧 정유년 8월 16일이었다. 노비 감금甘金이 혈서가 쓰인 적삼을 가지고 시신 사이에 엎드려 있다 빠져나와 집으로 돌아와서는 순절하던 당시의 상황을 갖추어 말했다. 혈삼으로 고산高山에 장사 지냈다.

-《이계집》

---

51 1555~1597. 본관은 우계로 조선 후기의 무신이다. 1597년(선조 30) 남원성이 함락되자 전라도 병마절도사로 5000군사를 이끌고 남원성에 들어가 고니시 유키나가小西行長의 5만 군사를 대적하다가 패하고 전사했다.
52 대장을 보좌하며 소속 부대를 지휘하던 무관직이다. 편장, 부장, 비장이라고도 한다.

정육동鄭六同

섭향고葉向高[53]의 《창하집蒼霞集》에 실린 도어사都御使 왕공王公의 묘지문에 이르기를 "임진년(1592, 선조 25) 전쟁 때 조선의 배신陪臣 정육동이 왜적에게 붙잡혔다. 소 요시토시宗義智[54]가 친하게 대하면서 그를 신뢰했지만 육동은 우리를 위해 내응하고자 했다. 노량전투 당시 급히 화약에 불을 붙여 아군에 내응하니 적이 이 때문에 크게 패했다"라고 했다. 정육동이 어떤 사람인지는 알 수 없다. 이같이 뛰어난 공을 세웠지만 우리나라 사람들 중에서도 아는 사람이 없다. 내(유득공柳得恭[55])가 《충무공전서忠武公全書》를 엮을 때 미처 《창하집》을 검토하지 못하여 관련된 내용을 넣지 못한 것이 한이다.

－《고운당필기古芸堂筆記》[56]

---

53 1559~1627. 자는 진경, 호는 태산으로 중국 명나라의 문신이며 만력제 때 재상이었다. 천계제가 들어서며 그를 황제로 올리는 데 공을 세운 동림당 사람이 기용되자 조정으로 돌아와서 내각수보를 맡았다.
54 1568~1615. 일본의 무장. 임진왜란이 일어나자 제1진으로 침입해왔고 두 차례에 걸쳐 조선 조정에 강화를 요구했으나 성사하지 못하고 정유재란 때도 쳐들어왔다.
55 1748~1807. 본관은 문화, 자는 혜보·혜풍, 호는 영재·영암·고운당으로 조선 후기의 문신이다. 1779년(정조 3) 규장각검서관을 지냈으며 《경도잡지》·《발해고》 등의 저서를 남겼다.
56 조선 후기의 문신 유득공의 저서로 총 4권 2책이다.

김충렬金忠烈

김충렬은 자가 이언而彦이고 호는 옥호玉湖 또는 설봉雪峰이다. 광해군 연간의 총희寵姬 상궁 김개시[57]가 권세를 부려 인심이 분노하고 답답해하는 것을 보고 상소하여 아뢰기를 "성대한 주나라는 포사襃姒[58]가 망하게 했고, 우리 조선의 300년 종사는 김 상궁이 망하게 하니 신은 전하를 위하여 통곡합니다"라고 했다. 상소가 승정원에 이르렀으나 논의가 일치되지 않아 결국 반려되고 말았다. 김충렬은 신분이 낮고 천했으나 다른 사람이 감히 말하지 못하는 바를 말하니 충직의 기운이 지금까지 늠름하다. 이것은 조종조에서 널리 권장하고 언관들이 본받아야 할 바다.

《공사문견록》

조선 효종의 부마 정재륜鄭載崙(1648~1723)이 궁중에 출입하면서 공적·사적으로 보고 들은 것을 기록한 책. 국립민속박물관 소장

－《공사문견록公私聞見錄》

박의朴義

박의는 호남 고창현高敞縣 사람이다. 침착하고 용맹스러우며, 말을 타고 활쏘기를 잘하여 무과에 발탁, 부장部將에 제수됐다. 인조 병자년(1636, 인조 14)에 병마절도사兵馬節度使 김준룡金俊龍[59]이 근왕勤王하여 수원으로 가는 중에 오랑캐를 만나 광교산에서 크게 싸웠다. 박의는 마침 김준룡의 막료로 있다가 양고리揚古利[60]를 사살했다. 양고리라는 자는 만주 정황기正黃旗[61] 사람으로, 영금전투寧錦戰鬪[62]를 치르는 사이 명나라의 맹장들도 능히 당해낼 수 없었으며, 그 공이 여러 차례 인정되어 초품공超品公에 이르렀다. 누르하치努兒哈赤의 딸과 혼인했으며, 죽어서는 무훈왕武勳王에 봉해졌다. 청이나 조선이나 모두 믿을 만한 기록이 있어 관련 사실을 확

---

59 1586~1642. 본관은 원주, 자는 수부로 조선 전기의 무신이다. 병자호란 때 남한산성으로 진군했고, 청 태조의 부마 백양고라白羊高羅 등 많은 적병을 사살했다.

60 1572~1637. 청나라 만주 정황기 사람. 서목록씨舒穆祿氏로, 고이객부장庫爾喀部長 낭주郎柱의 아들이다.

61 청나라 팔기八旗의 하나다. 다른 기주를 세우지 않고 황제에 의해 직접 통솔되며, 팔기 중 병정 수가 가장 많다. 양황기 및 정백기와 함께 상삼기上三旗로 분류된다.

62 1626년 영원성寧遠城전투와 1627년 금주성錦州城전투를 합쳐서 영금대첩이라고 한다. 1619년 싸얼후薩爾滸에서 조·명 연합군의 공격을 막아낸 후금군은 1626년 영원성을 공격하지만 명나라의 원숭환袁崇煥에게 패배한다. 이 전투의 여파로 후금의 누르하치는 몇 달 뒤 죽음을 맞는다. 누르하치의 대를 이어 칸汗에 오른 홍타이지皇太極는 1627년 정묘호란을 일으켜 조선을 제압하고, 이어 금주성을 공략하지만 또다시 원숭환에게 패했다.

인할 수 있었다. 하지만 얼마 지나지 않아 박의가 어떠한 사람인지, 사살된 사람이 누구인지 과연 사살되기는 한 건지 알 수 없게 되었다. 간혹 청나라 사람이 박의에 대해 말을 하더라도 우리 측에서 도리어 성을 내며 조롱했고, 박의가 직접 말하더라도 또한 망령되다 꾸짖으니, 이것이 박의가 지금까지 알려지지 않은 까닭이다. 고려의 김윤후金允侯[63]는 처인성處仁城에서 몽골의 원수元帥 살리타撒禮塔[64]를 활로 쏘아 죽여 대장군의 벼슬을 받았다. 박의 같은 사람은 벼슬이 직동만호直洞萬戶[65]에 불과하니 사람들이 이것 때문에 더욱 슬퍼했다. 그러나 그의 뛰어난 공은 김윤후에 버금갈 것이라 한다.

– 《영재집泠齋集》[66]

---

63 고려 후기의 승장僧將이다. 일찍이 중이 되어 백현원白峴院에 있다가 1232년(고종 19)에 몽골이 침입하자 처인성으로 피난했는데, 이때 몽골의 원수 살리타를 활로 쏘아 죽였다.
64 ?~1232. 몽골제국의 장군으로 몽골 잘라이르부 출신이며 궁술에 능하여 칭기즈칸의 신임을 받았다. 활을 잘 쏘는 사람이라는 코르치Qorchi(豁儿赤)라는 별명이 있다.
65 만호는 조선시대 각 도의 진에 딸린 종4품의 무관직이다.
66 조선 후기의 문신 유득공의 시문집으로 총 15권 4책이다.

김우석金禹錫

김우석은 영유현永柔縣 사람이다. 기개와 절개를 좋아했는데, 술을 마시고 시를 지을 때면 불우한 생을 불평했다. 숭정 병자년(1636, 인조 14) 청나라 사람이 우리나라를 침략하자 김우석은 적을 피해 자모산성慈母山城[67]으로 들어갔다. 조정이 청나라와 강화講和를 맺었다는 말을 듣고 시를 지어 성문에 크게 써서 붙였다.

우리는 대명 천자의 백성이니　　　　　　　　　　我是大明天子民

흑사년 봄의 황은을 아직도 기억하고 있다　　　　皇恩尙記黑蛇春

【만력 계사년(1593, 선조 26) 왜란 때 명이 조선을 구원한 일을 가리킨다.】

사람들은 지금이 어떤 세상인지 아노니　　　　　人間今日知何世

치욕스럽게 청을 섬기느니 차라리 동해에 빠져 죽겠다　寧蹈東溟恥帝秦

청나라 장수가 이 시를 보고 대로하여 그를 베려고 했는데, 김우석은 의연하면서도 굴복하지 않았다. 그의 아들 응원應元은 열 살이었는데, 응

67　평양성을 보호하기 위한 산성으로 평안남도 평성시에 있다.

원이 김우석을 안고 자신을 대신 죽이라고 애원하자, 청나라 장수가 그 효성에 감동하여 함께 풀어주었다. 말이 진실하면서도 믿음직스러우며 행동이 성실하면서도 공손하면 오랑캐의 나라에서도 제대로 행할 수 있다 했으니, 성인이 어찌 우리를 속였겠는가. 당시 만주족과 한족 사이에서는 김우석의 용기가 세상에 알려졌지만, 끝내 조정에선 발탁하여 등용하지 않았으니 애석하도다.

-《석재고》

이형익 李亨翼

이형익은 침의鍼醫다. 숭정 병자년(1636, 인조 14)에 어가를 호종하여 남한
산성으로 들어갔다. 이에 앞서 청나라군이 서쪽 변경을 침범했을 때 관
찰사와 절도사가 모두 도주하여 적이 하룻밤 만에 곧바로 서울로 달려
오니 어가가 남한산성으로 행차하여 피신했다. 그리고 재상들은 화의를
외치며 명나라 천자를 배신하고 오랑캐의 신하가 되고자 했다. 이 때문
에 이형익이 울면서 임금에게 고하기를 "아아! 지금이 어느 때입니까.
군신과 부자가 성을 등지고 한번 싸워서 사직社稷에 순절하는 것이 의리
입니다. 원손과 대군이 강화도에 계셔서 혹시라도 중흥을 도모할 수 있
는데, 그렇게 해보지도 않고 오랑캐와 화친을 하면 전하께서 환도하더
라도 무슨 면목으로 신민을 보시겠습니까. 서쪽 변경의 장병들은 적 때
문에 임금을 저버렸으니 그 죄는 마땅히 참형으로 다스려야 합니다. 청
컨대 화친을 주장하는 신하들과 병사를 거느리고 왕을 구원하려 않는
자들은 모두 베어서 사기를 진작해야 합니다"라고 했다. 임금이 말하기를
"너의 말이 비분강개하니 내 마땅히 생각해보겠다"라고 했지만, 얼마 지
나지 않아 화의가 성립됐다. 이형익은 슬퍼하고 분하게 여기다가 죽었다.

－《석재고》

오효성吳孝誠

숭정 정축년(1637, 인조 15)에 소현세자昭顯世子와 효종대왕孝宗大王(이때는 봉림 대군이었다)이 인질로 심양에 들어갔다. 능천군綾川君 구인후具仁垕가 여덟 명의 장사를 천거하여 따라가게 했는데, 그들의 이름은 박배원朴培元·조 양趙壤·신진익申晉翼·장애성張愛聲·오효성吳孝誠·김지웅金志雄·박기성朴 起星·장사민張士敏이었다. 그들은 세자 일행을 맴돌며 호위했는데, 처음 부터 끝까지 한결같았다. 갑신년(1644, 인조 22) 학가鶴駕[68]가 우리나라로 돌 아올 때 현묘顯廟(현종)의 나이는 막 네 살이 됐는데, 가마에 앉아 가려 하 지 않았고 사람을 시켜 업게 하여도 우는 것을 그치지 않았다. 그런데 오직 오효성이 업으면 울음을 그쳤다. 이에 수천 리를 업고 걸어서 등 쪽 옷이 모두 해져버렸다. 훗날 효묘孝廟(효종)께서 여덟 명의 장사를 그 리게 했는데, 오효성은 현묘를 업고 있는 모습으로 그리게 했다. 병신년 (1656, 효종 7) 별군직청別軍職廳[69]을 설치하여 여덟 명의 장사에게 깨끗한 옷 과 후한 봉급을 주며 밤낮으로 시위하게 하고 자손들이 세습하게 했다.

68 세자가 타는 수레를 가리킨다.
69 별군직은 효종이 즉위하면서 설치한 관직으로, 직청은 1656년(효종 7)에야 설치됐다. 별군직 군관 은 입직·시위·적간 등의 일상 업무를 수행하는 한편, 국왕의 최고 근밀한 시위직으로서 국왕의 신변 보호를 담당했다.

하루는 효묘께서 편전에 납시어 술자리를 마련하셨다. 술이 취하자 오효성을 불러 손을 잡고 말하며 친근함을 표하려 하셨는데, 오효성이 머리를 조아리며 끝까지 사양했다. 임금이 매우 화가 나 길쭉한 거문고를 들어 그의 오른쪽 어깨를 내려치니 팔뚝이 상했다. 이 때문에 팔이 굳어 마비됐다. 임금이 술을 깨자 그 일을 후회하면서 더욱 총애했다.

－《앙엽기盎葉記》[70]

---

70 조선 후기 학자 이덕무의 저술로 8권 4책이다.

강효원姜孝元

강효원은 진주晉州 사람이다. 인조 정축년(1637, 인조 14)에 소현세자가 인질로 청나라에 들어갈 때 세자시강원의 관원들이 배종했는데, 강효원도 시강원의 이속으로서 수행하여 심양에 들어갔다. 필선弼善 정뇌경鄭雷卿[71]이 그의 충직하고 믿음직한 모습에 의지할 수 있다고 여겨 그를 매우 아꼈다. 은산殷山의 노비였던 정명수鄭命壽가 오랑캐의 앞잡이가 되어서 제멋대로 행동했는데, 하지 않는 짓이 없었다. 정뇌경이 노하여 정명수를 죽이고자 모의했는데, 강효원이 반대하며 말하기를 "우리나라가 청나라 사람들에게 능욕을 당한 지 오래됐습니다. 지금 청나라 사람들을 다 죽일 수 없다면 저 굴마훈古兒馬紅(정명수)도 죽일 수 없습니다. 비록 죽인다 하더라도 단지 청나라 사람들의 원한만 더해질 것입니다. 하물며 굴마훈은 쉽게 죽일 수도 없을 것입니다"라고 했다. 하지만 정뇌경이 이 말을 들어주지 않자 결국 계획에 동참하여 함께 일을 모의했다. 일이 새어나가 실패로 돌아가자 이 일을 알고 있던 사람들은 모두 머뭇거

---

71 1608~1639. 조선 중기의 문신으로 본관은 온양, 자는 진백, 호는 운계다. 그는 소현세자가 볼모로 청나라에 갈 때 수행했다. 정명수 등이 조선의 사정을 청나라에 알려주면서 뇌물을 얻자 이들을 제거하려다 실패하고 청나라에서 사형됐다.

리며 화가 자신한테까지 미칠까 봐 두려워했는데, 강효원만은 의연하게 두려워하지 않으며 처음부터 음모에 참여했음을 숨기지 않았다. 마침내 정뇌경과 함께 죽었는데, 죽을 때까지도 재신宰臣 중에 입장을 바꾸어 정명수를 도운 자들을 크게 꾸짖으며 "너희들이 어찌 차마 이럴 수 있는가"라고 했다. 조정에서 그의 시신을 돌려받아 나라의 동문 밖에 장사 지내고 한성부좌윤으로 추증했으며, 그의 마을에 정문旌門을 세우고 대대로 녹을 하사했다. 처음에 잡혔을 때 스스로 필시 죽으리라는 것을 알고 머리털을 잘라 옷에 넣어 편지와 함께 부치면서 어머니와 작별했고, 죽음에 임박해서는 종자들에게 말하기를 "나는 지금 나라를 위해 죽으니 무슨 한이 있겠느냐. 돌아가거든 집안사람들에게 내가 있을 때처럼 어머니를 잘 봉양하라고 말해 달라"라고 했다.

– 《겸산필기兼山筆記》72

---

72 조선 말기의 문인 유재건의 시문집으로, 그의 저작 《이향견문록》에 수록돼 있다.

전만거田滿車

전만거는 해주海州 사람으로, 수양산首陽山 아래에서 은거했다. 나이가 일흔인데도 정력적이고 기개가 있었다. 처와 함께 수양산에서 밭을 갈고 밤에는 독서를 하니 사람들은 그의 현명함을 알지 못했다. 숙종 기묘년 (1699, 숙종 25)에 큰 흉년이 들자 조정에서는 북경에 곡식을 빌려줄 것을 요청했다. 간관 정호鄭澔가 이는 불가하다고 말했으나 조정의 의론이 확실히 정해져 마침내 동해에 배를 띄워 여러 길로 나누어 구휼했다. 하지만 전만거는 시를 지어 사양했다. 그 시는 다음과 같다.

들자니 북경의 곡식	聞道燕山粟
동쪽으로 2만 곡 보내었다 하네	東輸二萬斛
해서의 백성들에게는 빌려주지 마라	莫貸海西民
수양산 고사리가 푸르나니[73]	首陽薇蕨綠

또 다른 시 한 편을 다음과 같이 지었다.

---

73 백이·숙제 형제가 주나라가 세워지자 수양산에 은둔하여 고사리를 캐 먹은 고사를 가리킨다.

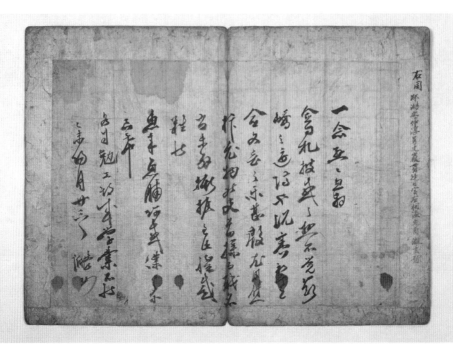

정호가 쓴 편지

정호(1648~1736)는 본관은 연일, 자는 중순, 호는 장암으로 조선 중기의 문인이며, 정철의 현손이자
송시열의 제자다. 일생을 노론의 선봉으로 활동했다. 이 편지는 1715년(숙종 41) 정호가 쓴 것이다.
국립전주박물관 소장

나는 본래 청한하나 소 한 마리가 있어	我本淸寒有一牛
밭 가는 것을 멈추고 가을 산골짝에 풀어놓았다네	輟耕閒放峽中秋
소를 타고 올 때 사람 다니는 길로 향하지 않은 것은	騎來不向人間路
그해에 귀 씻은 물을 마실까 두려워서라네[74]	恐飮當年洗耳流

---

74 요임금이 현자였던 허유許由에게 왕위를 물려주려 하자 허유가 이를 거절하고 더러운 말을 들었
다고 하며 영천의 물에 귀를 씻고 기산에 들어가 숨어 살았는데, 소부巢父는 소를 몰고 가다가 허
유가 귀를 씻는 까닭을 듣고는 그 물을 소에게 먹일 수 없다며 더 상류로 올라가 물을 먹였다는 고
사다.

이렇게 시를 지은 전만거는 곧바로 산속으로 들어가 고사리를 캐어 먹으며 살았는데, 어떻게 죽었는지는 알 수가 없다.

-《석재고》

이진화 李震華

이진화의 자는 욱재郁哉다. 숙종 기사년(1689, 숙종 15) 역당이 국정을 장악
하여 인현왕후를 폐위했다. 이진화는 승정원의 검률檢律로서 급히 길가
로 달려 나가 유옥교有屋轎[75]를 빌려 요금문曜金門 안으로 들어가 왕후를
모시고 본궁[76]으로 향했는데, 이진화는 공복을 갖추어 입고 소리 내어
울면서 배종했다. 왕후의 지위가 다시 회복된 후 왕께서 그를 불러들여
칭찬하고 원하는 바를 물으셨다. 이진화는 "신은 맡은 바 직무에 만족합
니다. 어찌 감히 다른 것을 바라겠습니까?"라고 했다. 이에 왕께서 명을
내려 영구히 승정원 검률에 있을 수 있도록 하셨다. 아, 이진화가 미관
말직임에도 임금의 위엄을 헤아리기에 어려운 때 앞장서서 홀로 나아가
매우 황급한 사이에 국모를 호위했으니 옛날의 충신·열사와 비교하더
라도 부족한 것이 없다. 그가 임금께 아뢴 말도 이처럼 겸손했으니 어찌
죽음과 삶, 빈궁과 영달로써 마음을 흔들 수 있는 사람이겠는가.

- 《흠휼당지欽恤堂志》[77]

---

75 지붕이 있는 가마다.
76 본래 세자가 왕으로 즉위하기 이전에 살던 곳을 말한다. 여기서는 인현왕후의 사저를 가리킨다.
77 《흠휼당지》에 관한 정보는 전하지 않는다. 다만 《희조일사》〈초촬군서목록〉에 "흠휼당지欽恤堂志
    (서직하병숙저徐稷下秉璹著)"라고 쓰여 있다.

안용복安龍福

안용복은 동래부東萊府 사람이다. 수군에 소속됐고 일본어를 잘했다. 을해년(1695, 숙종 21)에 바다에서 표류하여 울릉도에 들어갔다가 왜인을 만나 일본의 고로도五浪島에 잡혀갔다. 당시에 대마도 도주가 울릉도를 점거하려고 했는데, 변방 신하들과의 전쟁이 끝나지 않았기 때문에 왜의 우두머리는 그 사실을 전혀 알지 못했다. 안용복이 고로도 도주에게 말하기를 "울릉도에서 우리나라는 하루 거리이고, 일본은 닷새 거리이니 우리나라에 속한 것이 아니겠소? 조선인이 스스로 조선 땅에 가는데 어찌 붙잡는 것이오?"라고 했다. 도주는 그를 굴복시킬 수 없음을 알고 호키주伯耆州로 보냈다. 호키주의 태수는 그를 후하게 대접하고 은화를 선물로 주었지만 안용복은 받지 않고 말했다. "내가 원하는 것은 일본이 다시 울릉도를 가지고 시비를 걸지 않는 것이지, 은폐는 내가 원하는 것이 아니오." 태수는 결국 관백關白에게 보고하고 서계書契를 작성하여 안용복에게 주었는데, 그 내용은 울릉도가 일본의 경계가 아니라는 것이었다. 당시 왜관에 거주하는 일본인들이 사고를 치려고 하자 나라 사람들이 걱정하고 있었는데, 그것이 대마도가 꾸민 계략인 줄은 알지 못했다. 안용복이 매우 화가 나서 울산 해변으로 달려갔는데, 때마침 장사를

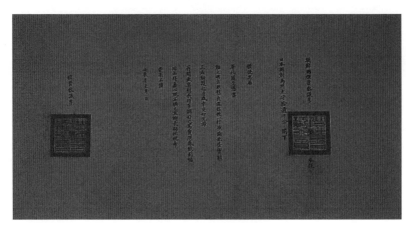

서계
조선시대에 일본과 내왕한 공식 외교 문서. 부산광역시립박물관 소장

하는 승려 뇌헌雷憲이 배를 대고 있었다. 안용복이 그를 꼬드기며 말하기를 "울릉도에는 해채海菜가 많으니 내가 그대들을 위해 그 길을 알려주겠습니다"라고 하니 승려가 흔쾌히 그 말을 따랐다. 마침내 돛을 편 지 사흘 만에 울릉도에 도착했는데, 이때 일본 배도 동쪽에서 이르렀다. 안용복이 사람들에게 눈짓하여 왜인들을 잡게 했는데, 배 안의 사람들은 겁이 나 나서지 못했다. 안용복만이 홀로 앞장서서 "무슨 이유로 우리 국경을 침범하느냐?" 하고 따졌다. 일본인들이 송도松島[78]로 도망치자 안용복은 송도까지 쫓아가서 다시 꾸짖기를 "송도는 곧 우산도芋山島다. 너희는 우산도 역시 우리 국경이라는 것을 듣지 못했느냐?"라고 하고는 몽둥이를 휘둘러 그들의 가마솥을 부숴버리니 왜인들이 매우 놀라 도망쳤다. 안용복이 그 길로 호키주까지 가서 그 상황을 말하니 태수가 그들

---

78 지금의 독도를 가리킨다.

을 모두 잡아 처벌했다. 안용복이 이어서 울릉도 감세관監稅官이라 사칭하고 대청에 올라 태수와 대등하게 예를 하고서 큰 소리로 말하기를 "대마도가 조선과 일본 사이에서 양쪽을 기만하는 것이 어찌 울릉도 문제뿐이겠는가. 우리나라에서 보내는 물품을 대마도가 일본에 다시 팔면서 많은 속임수를 쓰고 있다. 쌀 15두가 1곡인데 대마도는 7두를 1곡으로 하고, 무명 30척이 1필인데 대마도는 20척을 1필로 하며, 종이 1속이면 매우 긴데 대마도는 끊어서 3속으로 만든다. 관백이 무슨 수로 이러한 사실을 알겠는가? 나를 위해 관백에게 편지 한 통만 전달할 수는 없겠는가?"라고 하자 태수가 이를 허락했다. 대마도 도주의 아버지는 이때 에도江戶에 있었는데, 이를 듣고 크게 두려워하며 태수에게 애걸하며 말하기를 "편지가 아침에 들어가면 내 아들은 저녁에 죽을 것이니 그대는 이를 헤아려주시오"라고 했다. 태수가 돌아와 안용복에게 말하기를 "편지를 위에 올릴 것까지는 없습니다. 그리고 속히 대마도로 돌아가십시오. 만일 다시 경계로 인한 분쟁이 있으면 사람을 보내어 문서를 가지고 오게 하십시오"라고 했다. 이에 왜인들은 다시 속일 수 없음을 알고 편지를 동래부에 보내 사과하기를 "감히 다시는 울릉도로 사람을 보내지 않겠습니다"라고 했다. 이때 당시 조정의 의론은 울릉도를 떼어 일본에 주자는 것이었다. 그런데 안용복은 막중한 직무나 엄한 명령이 내려진 것이 아님에도 죽을힘을 다하여 산 넘고 물 건너 만여 리를 가서 교활한 오랑캐를 꾸짖었는데, 마치 아이를 혼내는 듯했다. 대마도 도주의 간사한 음모를 꺾어서 울릉도 전체에 일본인이 들어오지 못하게 했으니 그 공이 훌륭하다고 할 만하다.

−《석재고》

최로崔老

최로라는 사람은 성환역成歡驛의 아전이었는데, 그 집안이 대대로 성환역에서 아전으로 일했다. 70여 세에 무신난79이 일어났는데, 그때 적의 기세가 강하여 충청도와 경상도 지역에서 군사들로 하여금 경계하도록 했으나 역승驛丞80 강백姜柏81은 달아났고 여염집은 텅 비었으며 병아리와 강아지만이 마당에 흩어져 울었다. 최로는 차마 떠나지 못하고 늙은 역졸과 함께 역관驛館을 지켰다. 적의 수장 이인좌李麟佐82가 3000명의 병사들과 성환역에 머무르게 됐는데, 밤새도록 풍악을 울리며 술을 마셨다. 최로는 부지런히 술과 안주를 날라다주었다. 새벽 2시쯤 되자 적도들이 모두 술에 취해 잠이 들었는데, 경계를 서는 사람들은 소리도 내지 않고 깃대와 등불도 모두 꺼져 아무도 없는 듯이 고요했다. 최로는 역졸

---

79 이인좌와 정희량의 난으로, 1728년(영조 4) 정권에서 배제된 소론과 남인의 일파가 연합해서 무력으로 정권 탈취를 도모한 사건이다.

80 찰방의 별칭으로 조선시대 각 도의 역참 일을 맡아보던 종6품의 외직 문관 벼슬이다.

81 1690~1777. 본관은 진주, 자는 자청으로 조선 후기의 문인이다. 이인좌의 난이 일어났을 때 순무사이던 오명항이 성환 찰방으로 있던 강백의 도움으로 공을 세우고 분무공신 1등이 됐다. 하지만 책훈할 때 강백은 오히려 무고한 죄를 입어 철산에 유배됐다.

82 1695~1728. 본관은 전주, 본명은 현좌로 조선 후기의 무인이다. 영조가 즉위하며 소론이 정계에서 배제되자 남인과 공모하여 정희량과 더불어 밀풍군 탄을 추대하고, 1728년(영조 4) 병란을 일으켰다. 오명항을 도원수로 한 관군에 대패하여 서울로 잡혀와 대역죄로 능지처참됐다.

오명항 초상

오명항(1673~1728)은 본관은 해주, 자는 사상, 시호는 충효로 조선 후기의 문인이다. 이인좌의 난을 토평하여 분무공신 1등이 되고 해은부원군에 봉해졌다. 이어 우찬성으로 승진했다. 이후 이인좌와 같은 소론이라는 것을 자책하고 상소하여 사퇴를 청했으나 허락되지 않고 우의정으로 발탁됐다. 경기도박물관 소장

로 하여금 성환역 뒤 봉우리에 숨어 큰 소리로 외치게 했다. 역졸이 "성환역의 아전아!"라고 하니, 최로가 "예" 하고 대답했다. 역졸이 다시 "의금부의 금군 수백 명이 적을 잡으러 올 것인데 너희 역승은 어디에 있느냐? 어찌 말을 먹이며 기다리지 않는 것이냐? 그렇게 하지 않으면 참할 것이다"라고 외쳤다. 최로가 연달아 "예예" 하며 대답하고는 나가버리니 큰 소리가 숲과 골짜기에 진동했다. 최로가 분주히 사방으로 뛰어다니며 말을 뜰 안에 풀어놓으니 말들이 발을 구르며 날뛰기 시작했다. 적도들은 술에 취해 막 잠이 들었다가 갑작스레 난리가 일어나자 깜짝 놀라 다급하게 움직이며 우왕좌왕했다. 결국 태반이 흩어져 도망갔고, 이인좌는 급히 회군했지만 군대의 기세가 꺾여 마침내 도원수 오명항吳命恒에게 사로잡혔다. 최로는 늙어 죽을 때까지 이름도 알려지지 않았는데, 마을 사람들은 그를 '최 충신'이라 불렀다.

－《석재고》

홍세태洪世泰

홍세태의 자는 도장道長이다. 젖니를 갈 때쯤 이미 입을 열어 하는 말마다 사람들을 놀라게 했다. 조금 더 커서 경서와 역사서 그리고 여러 학파의 책을 읽었는데 이해하지 못하는 것이 없었으며, 더욱이 시에 오로지 뜻을 두었다. 정신을 집중하면 오묘한 이치를 절로 깨우쳤고, 가는 곳마다 붓을 놀리면 천기가 누설되는 듯했으니, 음률과 격조가 당나라 정통 대가들의 경지에 이르렀다. 식암息庵 김석주金錫冑[83]가 보고 감탄하며 '고잠高岑[84]과 같은 부류'라 하고는 매번 사람들이 많이 모인 장소에서 입이 마르도록 칭찬을 했다. 그리고 홍세태가 곤궁하여 죽을 지경에 이르자 힘써 돕기를 '주가朱家[85]의 고사'처럼 했다. 공이 자신을 알아주는 것에 감격하여 마침내 더욱더 온 힘을 다해 고금의 서적을 섭렵하고 깊은 뜻까지 힘써 탐구하며 학업에 열중했다. 얼마 안 되어 학문적 역량도 더욱 커지고, 문장도 날로 새로워졌다. 농암農巖 김창협金昌協과 삼연三淵

---

83 1634~1684. 본관은 청풍, 자는 사백, 호는 식암으로 조선 후기의 문신이다. 숙종의 외척으로 붕당 간의 다툼에 깊이 간여하여 권력을 얻었다. 1683년 남인 타도를 획책하다가 같은 서인의 소장파로부터 반감을 사서 서인이 노론과 소론으로 분열하는 원인의 하나가 됐다.
84 당나라 때 시인인 고적과 잠삼을 가리킨다.
85 노나라 사람으로 용감한 인물로 명성을 얻었다. 특히 숨겨주어 목숨을 구한 사람이 수백 명이지만 그 공적을 자랑하지 않았다고 한다.

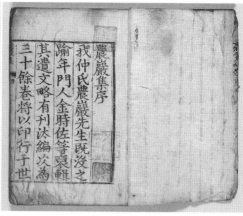

《농암집農巖集》

김창협(1651~1708)은 본관은 안동, 자는 중화, 호는 농암으로 조선 후기의 문신이자 서예가다. 성리학과 문장의 대가로 유명했고, 서예에도 뛰어났다. 여섯 형제가 모두 문장의 대가여서 육창六昌으로 불렸다. 《농암집》은 김창협의 시문집이다. 국립중앙박물관 소장

김창흡金昌翕[86] 두 선생이 그와 함께 시문을 주고받고는 진심으로 칭찬하기를 "그대는 입만 열면 한 편의 시가 되는 사람이다"라고 했다. 임술년(1682, 숙종 8)에 통신사를 따라갔는데, 일본의 미개한 사람들이 종이와 비단을 가지고 와서 시와 글씨를 얻고자 지나는 곳마다 그를 에워쌌다. 공이 말에 기대어 붓을 휘둘러 쓰니 그 빠르기가 비바람이 몰아치는 것 같았다. 시를 얻은 자는 모두 보관해서 보물로 삼았고, 심지어 집에 그의 초상을 그려두기도 했다. 만년에는 백련봉에 집을 짓고 '유하정柳下亭'이라고 현판을 걸고는 좌우에 등불을 걸어두고 그 안에서 시를 읊었다. 집안은 텅 비어 있어서 처와 자식이 굶주림에 허덕였으나 마음 쓰지 않았다. 내가 처음 유하정에서 공을 보았을 때 공의 나이는 쉰에 접어들었는

---

86 1653~1722. 본관은 안동, 자는 자익, 호는 삼연으로 조선 후기의 문신이자 서예가다. 성리학과 문장으로 유명했는데, 여섯 형제가 모두 문장의 대가여서 육창으로 불렸다.

데, 수염과 머리털은 푸르스름한 빛을 띠고 얼굴은 붉으면서도 윤기가
있어서 신선을 바라보는 것 같았다. 이해에 문장에 능한 중국 사신이 일
때문에 의주에 이르러 우리나라 사람의 시를 보고 싶어 했다. 조정에서
는 누구를 선택할지 고심하고 있었는데, 이때 재상이 공을 천거하자 임
금이 "나도 그 이름을 들은 적이 있다"라고 했다. 마침내 홍세태에게 시
를 짓게 하여 그것을 중국 사신에게 전달했다. 얼마 안 되어 이문학관吏
文學官[87]에 선발됐다가 승문원承文院의 제술관製述官[88]으로 승진했다. 벼
슬의 임기를 채우지 못한 상황에서 모친상을 당했다. 상을 마치고는 다
시 승문원으로 돌아와 일하다가 통례원通禮院의 인의引儀[89]로 옮겼다가
서부주부겸찬수랑西部主簿兼纂修郎[90]이 되어《동문선》편찬을 담당했다.
임금이 화공에게 서호西湖의 열 가지 풍경을 그리게 하고는 경은부원군
慶恩府院君 김주신金柱臣에게 어찰을 내렸는데, "홍세태가 시로써 이름이
세상에 알려져 있으니 시 10편을 지어 올리게 하라"라고 하셨다. 공이
붓을 잡고 그 자리에서 완성해 바쳤다. 얼마 뒤 송라도의 찰방[91]에 임
명됐는데, 부임하지 않았다. 다시 의영고義盈庫[92] 주부主簿에 임명됐으나
탄핵을 당하여 파면됐다. 늙어서는 가난이 심해져서 혼자 힘으로 살 수
없는 상황이 되자 재상이 불러다가 울산의 감목관監牧官[93]으로 삼았다.
여기에서 업무를 잘 수행하여 곧 휴가를 얻어 산과 바다를 유람할 수 있
었으니 그 시가 더욱 웅장하고 자유로워졌다. 여행에서 돌아와 몸이 쇠

---

87 승문원에 속하여 외교 문서 처리 일을 맡아보던 벼슬로 후에 한리학관으로 이름이 고쳐졌다.
88 승문원에 속하여 전례문을 짓던 임시 벼슬이다.
89 통례원에 속하여 의식에서 식순에 따라 구령을 외치는 일을 맡아보던 벼슬이다.
90 서부주부는 관서의 문서와 부적을 주관하던 관직이다.
91 각 도 역의 말과 관계되는 일을 맡아보던 종6품 외관직이다.
92 호조에 딸려 기름·꿀·밀·후추 같은 조미료의 출납을 맡아보던 관아다.
93 지방에 있는 목장의 사무를 맡아보던 벼슬이다.

약해지고 병은 더욱 심해지자 낙심하여 울적해하며 문을 걸어 잠그고 집 안에만 틀어박혀 왕래도 끊어버렸다. 그러고는 상자 안에 보관해두 었던 원고들을 찾아 직접 편집하고, 또 평생 동안 추구했던 뜻을 적어서 는 아내 이씨에게 부탁하기를 "잘 보관하여 때를 기다리라"라고 했다. 얼마 안 있어 죽었는데, 이때 그의 나이 73세였다. 공이 죽고 6년 후에 사위 조창회趙昌會와 문객 김정우金鼎禹가 재물을 모아 그의 문집을 간 행하니 모두 14권이다.

-《완암집浣巖集》94

---

94 조선 후기의 문인 정내교의 문집으로 총 4권 2책이다.

고두표高斗杓

고두표의 자는 운원運元이다. 성품이 강직하고 세속에 찌들지 않았으며 학문을 좋아했다. 특히 《주역周易》에 조예가 깊어 정미하고 심오한 뜻까지 정통하여 당대 학자들에게 크게 인정을 받았으니 그를 고청孤青 서기徐起[95] 이후 제일가는 사람이라 칭찬했다. 항상 "우리 유학의 연원은 '경敬'이라는 한 글자에 있다"라고 하며, 《심경心經》,[96] 《근사록》 등의 책 읽기를 좋아했고, 마음에 새기고 힘써 탐구했다. 평생 퇴계退溪 이황李滉과 율곡栗谷 이이李珥를 존경하여 두 분의 책을 손에서 놓지 않았다. 《태극도설太極圖說》[97]을 읽다가 '중정인의中正仁義' 대목에 이르면 항상 깊이 사색하며 마음속에 새겨두었다. 병이 위독해지자 부인을 물리치고 자리를 바르게 한 뒤 생을 마감했으니 또한 평소의 마음가짐을 알 수 있다.

－《소대풍요昭代風謠》[98]

---

95 1523~1591. 본관은 이천, 자는 대가, 호는 고청초로 등으로 조선 중기의 학자다. 서경덕과 이중호를 사사했으며, 이지함과 뜻이 맞아 함께 각지를 유람했다. 민속과 실용적 학문 연구에 전력했다.
96 송나라의 진덕수가 경전과 도학자들의 저술에서 심성 수양에 관한 격언을 모아 편집한 책이다.
97 북송의 주돈이가 우주의 생성, 인륜의 근원을 풀이한 저서로, 후에 주희에 의해 해설되며 주자학의 성전으로 여겨졌다.
98 조선 후기의 역관 고시언이 엮은 위항 시인의 시선집으로 총 9권 2책이다.

안광수安光洙

안광수의 자는 성로聖魯이고 스스로 호를 죽헌竹軒이라 했다. 그는 선조 때부터 성균관의 반촌泮村[99]으로 들어가 기거했다. 반촌의 풍속은 강퍅한 사람들은 노름과 협객질을 하고 인색한 사람은 또한 작은 이익을 쫓기에 급급하니 예교를 따르는 이가 드물었다. 안광수가 탄식하며 "성균관은 가장 모범을 보여야 하는 땅인데 풍속이 이와 같을 수 있단 말인가?"라고 하며, 반촌의 자제들 중 총명한 사람 70여 명을 모아 그들을 위해 계를 만들고 '제업문회齊業文會'라고 이름 지었다. 그 재능의 높낮이에 맞춰 각각 경經·사史·자子·전傳을 전수하고, 부모를 섬기고 웃어른을 공경하는 도에 대해서도 밤낮으로 가르쳤다. 관혼상제에 대해서는 직접 그림으로 그려 사람들이 이해하기 쉽게 만들면서도 정주학의 의식과 규범을 벗어나지 않았다. 매월 초하루에 그 무리를 모두 모아놓고 과업을 잘 수행했는지 확인한 후 잘한 사람은 칭찬하고 부족한 사람은 독려했다. 이에 반촌의 자제들 가운데서 학업에 뜻을 가지고 안광수를 따르는 이가 많았다. 그는 이에 "학업은 여유 있게 즐기는 것이 중요하다. 그렇

---

[99] 조선시대 성균관의 사역인들이 거주하던 성균관 동·서편에 있던 동네다.

지 않으면 기상이 협소해지니 '무우에서 바람 쐬고 시를 짓고 돌아온다'
는 뜻과는 멀어질 것이다"라고 하고는, 길일에 경치 좋은 곳을 택해 그
무리와 함께 술잔을 돌리며 시를 지었다. 그때 연달아서 지은 시가 수백
편에 이르렀는데, 담겨 있는 뜻이 더욱 웅대해졌다. 이로 말미암아 재능
을 꽃피운 사람이 매우 많았는데, 장성하여 관례를 치르고는 서리나 전
복[100]이 됐다. 그들은 모두 성현을 공경하며 석전제[101]에는 조심해야 한
다는 것을 알아서 각기 직무를 수행함에 부족함이 없었다. 그러나 안
광수는 말로만 가르치는 것이 아니라 자신을 돌아보며 근본을 세울 줄
도 알았으니, 상을 당함에 3년간 나물밥만 먹으며 밤낮으로 곡을 했는
데, 비록 심한 병에 걸려도 멈추지 않았다. 그 밖에도 행한 일 가운데 기
록할 만한 것이 많았다. 성균관 대사성이 그의 소문을 듣고 때때로 상을
내려 장려했다. 안광수가 죽으니 반촌 사람들이 노소를 가리지 않고 안
식처를 잃어버린 것처럼 슬피 울었다. 상례에서부터 장례에 이르기까지
반촌 사람들이 직접 일을 담당했는데, 감히 뒤로 미루는 것이 없었다. 안
광수의 기일과 생일, 사시제[102]에는 그에게 수업을 받았던 사람들이 음
식을 장만하며 제사를 도왔는데, 10여 년을 한결같이 했다. 이때에 마을
어르신들이 서로 의논하길 "우리 반촌의 젊은 사람들이 노인을 공경할
줄 알아서 노인들이 무거운 짐을 짊어지지 않는 것은 안 선생의 공이다.
옛적에 고을의 선생이 죽으면 곧 마을의 사당에서 제사를 올리는데,
안 선생과 같은 이를 어찌하여 그 수업을 받은 자들만 제사를 올리게

---

100 중앙의 관청과 지방의 사학, 향교 등에 딸려 음식을 만들거나 수직하는 등 잡역을 맡아 하는 노복
   을 말한다.
101 음력 2월과 8월의 상정일에 문묘에서 선현·선사에게 지내는 큰 제사로, 후대에는 공자를 비롯한
   유가의 성현에게 제사하는 것을 가리켰다.
102 사계절에 지내는 제사로, 차례라고도 한다.

하겠는가?"라고 했다. 마침내 서로 재물을 내놓고 안광수에게 제사를
올렸다.

-《보만재집》

임준원林俊元

서울의 풍속은 남과 북 사이에 차이가 있다. 종로 이남에서 남산 아래까지가 남부인데, 상인과 부자가 많아 이익을 좋아하고 인색하며 말과 집으로 사치와 낭비를 서로 다투었다. 북악의 백련봉을 따라 서쪽으로 필운대까지가 북부인데, 대개 가난한 집안에 하는 일 없이 노는 백성이 살았지만 이따금 협객과 같은 무리가 있어 의기로 교유하고 남에게 베풀기를 좋아하며 약속을 중시하고 어려움과 근심 있는 이들을 도와주었다. 시인, 문사들이 계절을 따라 서로 왕래하며 산수와 자연의 즐거움을 누렸다. 또 걸핏하면 시문을 짓는데, 많이 짓는 것을 자랑하고 화려함을 뽐내니, 아마도 또한 지세가 그렇게 만든 것인 듯하다. 임준원의 자는 자소子昭이며 대대로 서울 북리에 살았다. 사람됨이 총명하여 특출한 기개가 있었고 풍채가 좋으며 말솜씨도 뛰어났다. 어릴 적에 구곡龜谷 최기남崔起南[103]의 문하에서 학문을 배웠는데, 자못 시에 능하다는 명성이 있었다. 그러나 집이 가난하고 연로한 부모가 계셨으므로 결국 뜻을 굽혀 내

---

103 1586~?. 본관은 천녕, 자는 영숙, 호는 구곡·묵헌으로 조선 중기의 문인이다. 신익성의 문하에 드나들었으며 시에 재능이 뛰어나 사대부 사이에서 명망이 높았다. 현종 초에 실록감인원이 되어 《효종실록》편찬에 참여했으며, 정남수 등의 위항 시인과 교유하며 《육가잡영》을 간행했다.

수사內需司의 아전이 됐다. 임용되어서는 부를 일으켜 집안의 재물이 수천 금이나 쌓였는데, 도리어 탄식하며 "나는 이 정도면 충분하다"라고 하고는 곧 사직하여 집에 머물면서 시문과 역사서를 읽으며 즐거움을 삼았다. 날마다 그의 무리와 성대한 모임을 가졌는데, 그 무리에는 유찬홍庾纘洪·홍세태·최대립崔大立·최승태崔承太·김충렬·김부현金富賢 등이 있었다. 유찬홍의 호는 춘곡春谷으로 바둑을 잘 두었고, 홍세태의 호는 창랑滄浪으로 시를 잘 지어서 당시에 명성을 날리고 있었다. 나머지 사람도 모두 기개와 문장으로 명성이 높았다. 그런데 유찬홍은 술 마시기를 좋아하여 한 번에 몇 말을 마실 수 있었고, 홍세태는 가난하여 부모를 모실 수 없었다. 임준원은 유찬홍을 자신의 집에 머무르게 하면서 맛좋은 술을 두고 양껏 마시게 해주었으며, 자주 재물로 홍세태를 도와주어 궁핍하지 않게 했다. 매번 좋은 날이나 아름다운 경치가 있으면 사람들을 불러 늘 시를 지으며 취하도록 술을 마시고 즐거움을 다 누린 다음 파했다. 이러한 생활이 일상적으로 이어지니 서울에서 약간의 재능이나 명성이 있는 자는 그 모임에 참여하지 못하면 부끄러워했다. 임준원은 이미 재산이 넉넉했고, 의리를 중요시하여 기꺼이 베풀었는데, 항상 부족한 것처럼 여겼다. 그의 친척이나 옛 친구들 중 가난하여 결혼이나 장례를 치르지 못하는 사람은 반드시 임준원에게로 향했다. 그러므로 평소에도 왕래하며 안부를 묻는 데 자제와 같이 공손한 사람들이 또한 수십 명이었다. 임준원이 일찍이 육조 거리를 지나는데 한 여자가 관원에게 잡혀 끌려가고 있었다. 한 불량배가 뒤를 따르며 욕을 해대는데 여자는 매우 슬프게 울기만 했다. 임준원이 그 이유를 묻고 꾸짖기를 "얼마 되지도 않는 빚으로 여인을 이렇게 욕보일 수 있는가?"라고 하고는 선 자리에서 빚을 갚아주고 그 차용증을 찢어버리고 가버렸다. 여자가 따라오면서 "공께서는 어떠한 분이고 집은 어디십니까?"라고 묻자, 임준원이 말하기를 "남녀가 다른 길로 다니는 것이 예이니 꼭 내 성명을 물을 필요가 있소?"라고 했다. 여자가 간청했지만 끝내 말해주지 않았다. 이로 인해 임준원의 이름이 마을에 자자해져서 풍모를 사모하여 알고 지내기를 원하는 자가 그의 집에 끊이지 않았다. 구곡 최기남이 병으로 죽었는데, 집이 가난하여 상을 치르지 못했다. 그래서 최기남의 문도들이 모여 상을 치르고자 했는데, 관을 부조할 사람이 없었다. 이때 임준원은 사신을 따라 북경에 들어가 있었다. 좌객들이 탄식하며 "아, 만일 임준원이 있었더라면 선생님께서 돌아가셨을 때 관이 없게 하겠는가"라고 했는데, 그 말이 끝나기도 전에 문밖에서 사람들이 관을 운반하며 들어왔다. 물어보니 임준원이 보낸 사람들이었다. 즉 임준원이 사행을 떠날 때 최 공의 노환을 염두에 두고 집안사람들에게 당부해놓았던 것이다. 이에 사람들은 더욱 더 임준원의 고상한 의리와 일을 미리 헤아리는 혜안에 감복했다. 임준원이 죽자 조문객들은 마치 부모의 상을 치르는 것처럼 곡을 했고, 항상 임준원에게 의지하던 사람들은 "나는 어떻게 살아가야 하는가"라고 했다. 한 늙은 과부가 와서 바느질로 돕기를 자청하고는 상복을 만들고 떠났는데, 육조 거리에서 구해준 여자였다.

－《완암집》

이득원李得元

이득원의 자는 사춘士春이고, 호는 죽재竹齋다. 그의 사위인 고시언高時彦이《죽재유사竹齋遺事》에 다음과 같이 기록해두었다.

"공은 여항의 사람으로 가난했지만 하는 일 없이 지방으로 돌아다니며 유유자적했다. 그래서 세상에 널리 알려지지는 않았지만 일찍이 창랑 홍세태가 그의 사람됨과 시를 몹시 칭찬하는 것을 들었는데, '사람은 옥과 눈처럼 티끌 없는 풍채에 큰 뜻과 절개를 지녔으며, 효성과 우애는 타고났다. 그의 시는 깔끔하면서도 완숙미가 있어 만당晩唐의 기풍이 있으며, 글씨를 쓰는 것 또한 정밀했으니 기묘함이 왕희지王羲之와 그 아들 왕헌지王獻之[104]를 본받았다. 어렸을 때 구곡도인龜谷道人(최기남)의 수제자가 됐으며, 서헌 임준원·춘곡 유찬홍 등 많은 이들이 그를 마음속 깊이 인정하여 막역한 사이가 됐는데, 나는 그를 더욱 진심으로 좋아했다. 우리는 평상시에 그를 따라다니지 않는 날이 없었는데 그의 집은 가난하여 구들에는 불이 들어오지 않고, 앉을 자리에는 방석이 없을 정도였으나 무릎을 맞대고 앉아 고금의 일을 이야기하다 보면 시간 가는 줄도

---

[104] 344~386. 중국 동진의 서예가로 자는 자경이다. 중서령中書令을 역임했으며, 서법에 뛰어나 부친 왕희지와 더불어 '이왕二王'으로 일컬어졌다.

왕희지
왕희지(307~365)는 중국 동진의 서예가로 자는 일소다.
우군장군을 역임했으며, 중국 고금의 첫째가는
서성書聖으로 존경받는다.

모를 정도로 맛깔나게 말하여 사람들이 추위와 피곤함마저 잊을 정도였다'라고 했다. 이득원은 겉치레를 버리고 명예와 이익을 멀리하여서 사람들과 다투는 바가 없었다. 그러나 시집간 손윗누이의 집이 소송 사건에 휘말려 득원이 가족의 정으로 힘껏 도와주었다. 이 일로 득원은 사람들에게 원한을 사게 되어 여러 차례 중상모략을 받았으니 이 때문에 득원은 서울에 머무는 것을 즐거워하지 않았다. 그래서 서울을 떠나 영남의 감영에서 조시랑趙侍郞을 모셨는데, 유능하다는 평판이 생겨났다. 이때부터 지방의 관리 생활을 하며 1년에 한 번 집에 오니 자리가 따뜻해질 틈이 없었다. 집에 돌아와서는 한 명의 한가한 사람일 뿐이었는데, 집 안이 텅 비고 부엌에 먹을 것이 없어도 편안히 여기며 시 읊는 것을 그치지 않았다. 공은 숭정 기묘년(1639, 인조 17)에 태어나 겨우 44세에 세상을 떠났고, 아들 없이 딸만 셋 두었다. 장녀는 임씨 집안의 며느리가 됐지만 일찍 과부가 되어 가난했는데도 길쌈에 힘써서 부모를 봉양했고, 부모가 돌아가시자 그 제사를 받들었다. 서헌 임준원이 죽었을 때 부모가 곤궁한 시기에 그의 힘을 많이 의지했다 해서 직접 초상을 치렀다. 제사상을 차려 곡을 하는데 마치 친척이 돌아가셨을 때처럼 슬피 우니 창랑 홍세태가 감탄

하며 '효녀로구나. 이 딸이 득원의 아들이지 않은 것
이 한스러울 뿐'이라 하고는 임씨 부인의 전기를 써서
그 덕을 기렸다. 임씨 부인이 죽자 박씨 집안에 시
집간 차녀가 또 부모의 제사를 받들고 무덤가
를 관리했는데 지금까지 변함없이 하고 있다.
공이 돌아가신 지 16년 뒤에 내가 그 가문에 장
가를 들었다. 다른 일을 물을 틈도 없이 급하게 먼저 유
고를 찾았는데, 서헌 임준원의 아들에게서 얻었다.
창랑 홍세태에게 질정을 받아 선별하여 한 권으
로 엮고 베껴서 책 상자 속에 보관해두길 몇 년
이 흘렀다. 매번 스스로 생각하기를 '임씨
와 박씨, 두 부인은 이미 제영緹縈이 됐
으니, 지금 이 원고를 간행하는 것만큼
은 나의 책임'이라 여겼다. 경술년(1730,
영조6) 여름, 다행히 창랑 홍세태의 시문

제영
제영은 한나라 문제 때의 효녀다.《사기》
〈효문제기〉에 따르면 아버지 순우의가
죄를 범하자, 그 죄를 대신하여 관비가
되기를 자청하니 문제가 감동하여
순우의의 죄를 용서했다.

집을 간행하는 기회에 곧 약간의 돈을 보태 각수를 고용해 간행했다. 다
만 힘이 부족하여 널리 배포하지 못한 것이 한스럽지만, 그래도 간행하
지 않은 것보다 나은 것이 아니겠는가."

-《성재집》

고시언高時彦

고시언의 자는 국미國美다. 눈매는 시원하고 용모는 단정했다. 노는 것도 비범했고, 총명함도 남보다 뛰어나 하루에 수천 마디의 글귀를 외울 수 있었다. 15세 즈음에는 더욱 각고의 노력을 기울여 독서에 힘썼다. 하지만 공의 집이 점점 가난해지고 양친도 모두 늙어 결국은 뜻을 굽혀 말단 기술직에 종사했다. 17세에 사역원司譯院 한학과漢學科에 급제하여 얼마 되지 않는 녹봉이나마 받아서 맛있는 음식으로 부모를 봉양했다. 틈만 나면 경서를 보며 연구하는 데 게으름 피우지 않고 부지런히 했다. 경전과 여러 사상에 두루 통달하지 않은 게 없어 박식하고 기억력이 좋기로 세상에 이름을 떨쳤다. 사역원 생도들은 대다수가 그에게 글의 의미를 질문하고 그를 높여서 사표師表로 삼았다. 품계가 2품까지 올라 고관이 됐지만, 공은 평소 병치레가 잦았고 부모가 돌아가신 뒤로는 벼슬을 그만두고 쉬고자 했다. 그래서 따로 작은 집을 지어 편액을 '성재省齋'라 하고 문을 닫은 뒤 가만히 앉아 시를 읊조리며 유유자적했다. 갑인년(1734, 영조 10)에 진주사陳奏使[105]를 따라 북경으로 가다가 압록강을 건너고부터

---

105 중국과의 외교 관계에서 알려야 할 일이 생겼을 때 파견하는 비정규 사절이다.

병이 위독해져 끝내 북경의 관소에서 죽었다. 임종 때는 안색이 편안하고 죽음을 두려워하는 기색이 보이지 않았다. 집안일 처리에 대해 직접 글을 쓰고 봉해서 집안의 종에게 전달을 부탁하고는 마침내 자리를 바로하고 눈을 감았다. 공의 사람됨은 순박하고 조용하여서 재물을 가지고 다투지 않았다. 사역원에서 40여 년을 일하는 동안 상대의 심기를 거스른 적이 없었다. 부모를 섬기는 데도 효성이 지극하여 마음과 재물을 갖추어 봉양했다. 공은 기어이 병을 참고서 있는 힘을 다하여 사신 업무를 수행하다가 죽었으니, 옛글에 "온 마을이 모두 점잖은 인사라고 칭찬했다"라고 한 말은 바로 공 같은 사람을 말하는 것이다. 대개 그가 평생 좋아한 바는 옛날 글이었지만 역관 업무에 종사하느라 오로지 공부에 전념하지는 못했다. 그러나 그가 지은 시와 문장에 대해서는 당시의 식견 있는 자들이 인정했다. 유하 홍세태도 자주 그를 칭찬하기를 '기재奇才'라 했고, 삼연 김창흡은 직접 그의 〈열천시洌泉詩〉에 서문을 지었는데, "문체와 의미가 모두 뛰어나니 매우 뛰어난 문장"이라고 평가했다. 경전의 뜻에 대해서도 식견이 더욱 정밀했다. 저서에는 《주소차의註疏箚疑》 두 권, 《성재집》 두 권이 있고, 엮은 책으로는 《소대풍요》 세 권이 있다.

－《완암집》

김만최金萬最

택보澤甫 김만최의 집안은 과거에는 양반 가문이었으나 후대에는 쇠퇴하여 김만최의 선조와 부친은 의학을 업으로 삼았다. 김만최는 어려서 아버지를 여의고 가난했다. 가업을 이어 의학을 익혔지만 뜻에 맞지 않아 이를 버리고는 마침내 불량배들과 결탁했다. 개 잡는 것을 직업으로 삼아 맛있는 음식을 얻으면 어머니를 봉양했다. 하지만 그의 성품은 방자하여 어디에도 얽매이지 않았고, 술 마시기를 좋아하여 술기운에 때때로 사람을 때려 다친 사람이 여러 명에 달했으니, 고을에서는 근심거리로 여겼다. 일찍이 백정들과 놀고 있을 때 어떤 이가 이 점을 비꼬기를 "그대는 의로운 선비이니 훗날 체포되면 부디 나까지 연루하지 마라"라고 했다. 김만최가 곧 깨닫는 바가 있어 눈물을 흘리며 그 무리를 떠났다. 그러고는 마음을 잡고 독서를 하니 하루에 수천 마디를 외울 수 있었다. 또 베옷과 가죽 띠를 두르고는 단정하게 초야에 묻혀 사는 선비와 같이 행동했다. 내(정내교鄭來僑)가 18세 때 삼청정사三淸精舍에서 김만최를 만났는데, 신장이 8척에 수염이 아름다웠다. 이야기를 나누는데 끊임없이 이어지니 그가 어질고 호방한 사람임을 알 수 있었다. 공이 나를 한번 보고는 매우 기뻐하며 불러다 벗으로 삼아주니 나이를 따지지 않는 교분을 맺었다. 이때 공의 문장이 크게 발전하여 이미 뛰어난 실력으로 명성이 있었다. 세상 사람들 가운데 공을 아는 자와 모르는 자 모두 그를 문인으로 대하지 않고 반드시 '협객'이라고 했으니 무릇 그 젊은 시절의 성미와 버릇을 아직 다 버리지 못하여서 말을 하거나 시를 읊을 적에도 연燕나라와 조趙나라의 비장한 시가의 느낌이 많았기 때문이다. 공이 이미 떠돌아다닌 지 40여 년이니 그 궁핍함이 더욱 심해져 집은 텅 비었으며 처자는 굶주림과 추위에 떨었다. 그런데도 공은 다른 사람의 위급함을 보면 달려갔는데, 오직 남보다 늦게 도착할까 봐 걱정할 뿐이었다. 남과 교유할 적에는 맑고 탁함을 따지지 않고 생각하기에 옳다고 여기면 비록 미천한 출신이라도 더욱더 공경했으니 이 때문에 그를 아끼는 자가 매우 많았다. 늙어서는 백운봉白雲峰 아래에 집을 짓고 스스로 남곡거사嵐谷居士라 호를 지었다. 직접 밭을 일구고 버드나무를 심어 매일 그 아래를 거닐며 자적했다. 술병을 들고 오는 자가 있으면 붙잡고 함께 술 마시는 것을 매우 좋아했는데, 취하면 곧 소나무 숲에서 머리를 풀어헤치고 넓적다리를 치며 노래했다. 술은 여러 말을 마셔도 취하지 않으니 매번 큰 사발에 따라 마셨는데, 벌컥벌컥 마시는 소리가 마치 고래가 들이켜는 듯하니 보는 자마다 장관으로 여겼다. 어느 날 병으로 갑자기 죽으니 이때 나이 76세였다. 공이 지은 시는 맑고 깨끗하며 고풍스럽고 전아했는데, 한漢·위魏·육조六朝의 시풍과 많이 닮았다. 삼연 김창흡과 유하 홍세태는 그를 자주 칭찬하며 '쉽게 얻을 수 없는 경지'라고 여겼다. 아! 공의 기개와 재주를 옛사람에 비교해보면, 석연년石延年[106]이

---

106 994~1041. 자는 만경 또는 안인으로 중국 북송의 시인이다. 북송 초기에 시인으로 명성을 날렸으나 술을 좋아해서 병으로 일찍 세상을 떠났다.

나 진계상陳季常107과 같은 부류일 것이다. 공은 이미 세상에 영합할 뜻이 없었고 세상도 공을 알지 못했다. 그러나 훗날 그의 시를 보는 사람들은 또한 그의 사람됨을 상상할 수 있을 것이다.

-《완암집》

정내교鄭來僑

근세 시인으로 창랑 홍세태와 같은 이가 곧 (하늘의 뜻을 이해할 수 있는) 사람
이다.[108] 홍세태를 계승하는 사람으로 또 완암浣巖 정윤경鄭潤卿이라는 자
가 있는데, 이름은 내교다. 당세의 학사·대부들이 그와 더불어 허물없
이 사귀었는데, 몇몇은 그를 집에 오게 하여 자신들의 자제들을 가르치
게 했다. 그 사람됨은 야윈 학과 같이 맑았고, 얼굴만 보아도 시인인 줄
알 수 있었다. 그러나 매우 가난하여 집 안에는 단지 사방의 벽밖에 없
었다. 시 모임의 여러 벗은 좋은 술이 있으면 반드시 그를 초대했는데,
정내교는 주량이 다할 때까지 술을 흠뻑 마셔 흥건히 취한 연후에야 비
로소 운을 떼우고는 높은 곳에 걸터앉아 선창했다. 그가 시를 지을 때는
호탕하면서도 물 흐르는 듯하여 시인의 모습을 갖추었는데, 이따금 목
소리가 비장해져서 연나라와 조나라에서 축筑[109]을 두들기던 선비[110]와

---

108 《희조일사》는 각 문집에 수록된 인물의 전기를 발췌하여 축약, 편집해놓은 책이다. 편집 과정에서
　발췌한 내용이 과도하게 축약된 경우가 있는데, 이 부분이 그와 같은 사례다. 《완암집》 서문에 수
　록된 원문을 살펴보면, '시는 하늘의 조화인데, 세속에 초탈한 사람만이 하늘의 뜻을 이해할 수 있
　다'는 내용임을 알 수 있다.
109 고대의 현악기 중 하나로 비파와 비슷하다.
110 전국시대에 연나라 사람이었던 고점리와 위나라 사람이었던 형가가 매일 술을 마시며 놀았는데,
　술이 거나하게 취하면 고점리는 축을 연주하고 형가는 비장하게 노래를 불렀던 고사를 인용한 것
　이다.

같이 격앙되기도 했다. 대개 그 연원은 홍세태에게서 나왔으니 그 역시 천기天機에서 얻는 바가 많았다. 그가 만일 세파에 매여서 즐기지도 못하고 전념하지도 못했다면 그 성취가 이와 같을 수 있었겠는가. 정내교는 비단 시에만 뛰어났던 것이 아니라 문장도 부앙절선俯仰折旋[111]을 잘했으니 자못 작가의 풍모도 갖추고 있었다. 평가하는 자들 중에는 "문장이 시보다 뛰어나다"라고 하는 사람도 있었다. 내 생각에 정내교의 시와 문장은 모두 천기에서 나왔을 뿐이니 무엇이 더 나은지 논할 필요가 있겠는가. 정내교는 거문고 곡조에도 통달했고 또한 긴 노래를 부르는 것도 좋아했는데, 모두 매우 신묘한 경지에 이르렀다. 술에 거나하게 취하면 매번 스스로 거문고를 타면서 노래하니 그 호탕한 모습을 바라보노라면 대개 누가 거문고를 연주하고 누가 노래를 부르는지도 잊을 지경이었다. 노래를 마치면 들은 사람들에게 평가하게 하는데, "하나는 훌륭하고 하나는 부족하다"라고 하면 반드시 정내교의 웃음거리가 됐다. 세상이 정내교의 시와 문장을 평가하는 것 또한 이와 똑같은 것이다. 나는 정내교와 약관弱冠의 나이부터 사귀었다. 내가 승문원도제조였을 때 정내교는 제술관製述官 직을 맡고 있었다. 정내교가 눈병으로 사임했는데 내가 "정내교는 오늘날의 장적張籍[112]입니다. 마음의 눈은 멀지 않았으니 눈을 감고 입으로 불러도 승문원의 문서를 충분히 처리할 수 있을 것입니다"라고 말했지만 끝내 허락받지 못했다. 간혹 공사로써 나를 찾아오면 나는 어린 종을 시켜 부축하여 마루에 오르게 했다. 시를 물으면 정내교는 목을 당겨 낭랑한 목소리로 읊다가 깨달음을 얻은 곳에 이르면 관모

---

111 문장을 서술할 때 굽히고 높이고 전환하고 돌려 말하는 것으로, 지루하고 상투적이기 쉬운 글에 변화를 주어 독자로 하여금 몰입하도록 하는 기법이다.
112 자는 문창으로 중국 당나라의 문인이다. 고시와 서한행초에 능했다.

홍봉한 초상

홍봉한(1713~1778)은 본관은 풍산, 자는 익여, 호는 익익재로 조선 후기의 문신이다. 혜경궁 홍씨(1735~1815)의 아버지로 노론의 영수였다. 경기도박물관 소장가 벗겨지는 것도 깨닫지 못하고 미친 듯 절규했다. 나는 이에 정내교가 늙고 병들었으나 기운은 쇠하지 않았음을 알았다. 정내교가 죽자 학사였던 자순子順 홍낙명洪樂命[113]이 그의 시문을 뽑고, 상서尙書 익여翼汝 홍봉한洪鳳漢이 재물을 기부하여 장차 세상에 간행하려 한다.

- 육화六化 이상국李相國이 짓다.

동생 정민교鄭敏僑의 자는 계통季通이다. 얼굴빛이 희고 잘생겼으며 훤칠하여 생김새가 마치 그림과 같았다. 막 열다섯 살이 됐을 때부터 자부子部와 사부史部의 여러 글을 혼자서도 잘 이해하여 번거롭게 찾아가 묻지 않고 과거 공부에 임했다. 29세에 비로소 성균관에 들어갔고, 이윽고 탄식하여 이르길 "이것이 어찌 나의 부모를 영예롭게 하고 내 뜻을 펴기에 족하겠는가?"라고 했다. 이에 대과 급제를 목표로 더욱 노력했다. 그가 지은 시문은 종종 안목을 갖춘 이들에게 포상을 받았고, 귀한 집안의 자제들이 다투어 그와 면식을 트고자 했으며, 위항의 재능과 뜻을 갖춘 자들은 그를 사모하여 따랐고, 문하에 들어 공부하고자 하는 이들 또한 수십 명이었다. 상서尙書 윤헌주尹憲柱[114]는 평안도 관찰사로 가면서 그에게 해세海稅[115]를 감독하도록 했다. 마침 흉년이 들었는데, 정민교가 바닷가 백성들이 남루한 차림으로 배고픔을 호소하는 것을 보고는 속으로 애달프게 여겨 일절 묻지 않고, 주머니에 있는 것을 비우고 돌아왔다. 그는 사사로이 청탁하는 바가 전혀 없었으며, 불의한 일이 있으면 반드시

---

113 1722~1784. 본관은 풍산, 자는 자순, 호는 신재로 조선 후기의 문신이다. 홍국영(1748~1781)이 실각한 후 한성부판윤, 의정부우참찬 겸 예문관제학을 겸임하고 이조판서까지 지냈다.
114 1661~1729. 본관은 파평, 자는 길보, 호는 이지당으로 조선 후기의 문신이다. 1728년(영조 4) 이인좌 등의 무신난이 발발하자 북도안무사로 기용됐다.
115 어·염·선박에 대한 세금을 말한다.

간언했다. 어머니 상을 당하여 나와 함께 여막에 거처했는데, 나물조차 충분치 않아 질병이 낫지 않고 오래 계속됐지만 매우 춥거나 덥더라도 질대経帶를 풀지 않았다. 이후 집안이 더욱 가난해지자 가솔을 이끌고 충청도로 갔는데, 그곳 풍토를 좋아하여 사는 곳의 이름을 따라 스스로를 '한천자寒泉子'라고 불렀다. 풍원군豊原君 조현명趙顯命[116]이 경상도관찰사가 되자 그를 말에 태워 초빙해서 관사에 머물게 하고는 그의 두 아들을 가르치게 했으니, 마치 여씨呂氏 집안이 초천지焦千之[117]를 불러서 가르치게 한 것과 같다. 틈이 날 때마다 서로 겨루듯 번갈아 시를 읊은 것이 쌓여 두루마리 책을 이루었다. 그 교우가 날로 깊어져 두 사람은 서로의 지위를 거

육유

육유(1125~1210)는 자는 무관, 호는 방옹으로 중국 남송의 시인이다. 철저한 항전주의자이며, 약 50년 동안 1만 수에 달하는 시를 남겨 중국에서 최다작 시인으로 꼽힌다.

의 잊을 정도였다. 그러나 그는 평소에 가슴이 답답한 병이 있었고, 또한 남방의 풍토가 맞지 않아 결국에는 일어나지 못한 채 세상을 떠났다. 그는 시원시원하고 남에게 매이지 않았으며, 행동은 아주 너그럽고 대범

---

116 1690~1752. 본관은 풍양, 자는 치회, 호는 귀록·녹옹으로 조선 후기의 문신이다. 1728년(영조 4) 이인좌의 난 때 오명항의 종사관으로 참전하여 공을 세웠고, 풍원군에 책봉됐다.

117 ?~1080. 자는 백강으로 중국 송나라의 문인이다. 구양수의 제자로 경서에 정통했다. 일찍이 여공저가 그를 초빙하여 자신의 자식인 여희철 등을 가르치게 했다. 초천지는 제자들에게 조금이라도 과실이 있으면 제자를 불러놓고 정좌하고 대면한 채 종일토록 말을 하지 않다가, 그 제자가 두려워하며 깊이 반성해야 비로소 안색을 조금 누그러뜨렸다고 한다.

했다. 남의 비위를 맞추고 아첨하려 하지 않았으며 비위를 맞추는 것에 신중하고 조심했기에 간혹 사람들이 그를 지목하여 오만하다 하여 헐뜯었다. 그러나 그 효심과 우애는 지극했으니 타고난 천성이었다. 그의 고문古文은 비록 온 마음을 기울여 힘을 다하지 않아도 천기天機가 발휘되는 것이었다. 또한 문장의 이치가 모두 갖추어졌으니 그 고시와 근체시는 빠진 데 없이 충만하고 원만하여 막힘이 없었고, 백거이白居易[118]와 육유陸游 사이의 시풍에 젖어들었으되 스스로 일가의 법도를 이루기에 문제가 없었다. 정민교는 겨우 35세에 세상을 떠났는데, 하나 있는 딸은 나이가 어렸다. 부인 변씨는 슬픔을 절제하고 억지로 먹으며 직접 제수를 살폈다. 내게 정민교의 유고를 수습하여 오래 남도록 도모하니 정민교의 부인으로 부끄럽지 않음이다.

- 《완암집》[119]

---

118 772~846. 자는 낙천, 호는 향사거산·취음선생으로 중국 당나라의 시인이다. 당 대의 시인 중 가장 뛰어난 사람의 하나로 손꼽힌다.
119 이 내용은 《완암집》이 아닌 정민교의 문집 《한천유고》에 수록되어 있다.

정후교鄭後僑

정후교의 자는 혜경惠卿으로 창랑 홍세태, 완암 정내교와 같은 시대 사람이다. 어렸을 때 책을 끼고 이른 새벽에 나갔다가 순라군巡邏軍에게 잡혔는데, 순라군이 묻기를 "너는 어찌 밤에 통금 시간을 어기느냐?"라고 하니, 대답하기를 "이제 막 공부하러 가는 길에 잡힌 것입니다"라고 했다. 순라군이 다시 묻기를 "네가 혹시 사람들이 이야기하는 〈북두칠성의 외로운 배〉를 지은 정후교가 아니냐?"라고 하니, "그렇습니다"라고 했다. 그러자 그를 풀어주었다. 정후교의 이 시가 당시에 회자됐기 때문에 순라군 역시 외우고 있어서 그를 풀어준 것이다.

－《방시한집方是閑輯》[120]

조족등照足燈
귀인이 밤길을 가거나 도둑이나 화재를 경계하기
위해 밤에 순찰을 돌던 순라군이 사용한 휴대용
등기구. 국립민속박물관 소장

---

120 조선 후기의 문신 윤행임의 시화집으로 저자와 친분이 있던 왕태(?~?)가 1책 42장 총 49책으로 필사했다.

백윤구白胤耉

백윤구의 자는 이맹頤孟이고, 천성이 효성스럽고 우애가 깊었으며, 상례와 제사는 반드시 예에 부합했다. 김항령金杭齡, 박영석朴永錫121과 친한 벗으로 지냈다. 죽은 뒤 효행으로 정려旌閭됐으며,《학고당집學古堂集》한 권이 세상에 간행됐다. 오천烏川 정상서鄭尙書가 서문에 간략히 말하기를 "문사文詞의 뛰어남은 나머지 일일 뿐이다. 그가 예를 논함에 있어 소목昭穆을 분별하여 오묘五廟를 세우는 것을 제일의 뜻으로 삼았으며, 그 나머지 10여 개의 조목도 모두 명확하여 볼 만했다. 정치를 이야기함에 있어서는 또한 정전井田을 시행하고 학교를 흥하게 하는 것을 나라의 중요한 일로 삼았고, 그 외에는 절수折受를 파하며 면세를 없애는 등의 여러 주장 또한 이해관계를 지적하여 진술한 것이어서 오늘날의 고치기 힘든 폐단에 모두 들어맞으니 이 어찌 천고千古의 척안隻眼이 아니겠는가. 백윤구는 학문을 하는 데 대개 충신과 효제를 근본 바탕으로 삼았다. 뜻을 세우고 행동을 삼가는 데 반드시 옛사람처럼 되기를 스스로 기약했으므로 언어와 문자로 표현하는 것을 대강하려고 하지 않았고, 오직 3

---

121 1735~1801. 본관은 전주, 자는 이극, 호는 만취정으로 조선 후기의 시인이다. 가난에 개의하지 않고 단정한 풍모를 잃지 않았다. 위항 시인의 모임인 송석원시사에서 활동했다.

선무사 편액

선무사는 임진왜란 당시 조선을 구원한 중국 명나라의 병부상서 형개와 도어사 양호를 제향하던 사당이다.
지금의 서울시 중구 서소문동에 있었다. 국립고궁박물관 소장

대代가 아니면 모두 구차하게 여겼다. 그가 이 세상에 간절하여 잊지 못하는 것은 삶에 사로잡힌 평범한 선비처럼 귀로 들은 것을 입으로 말하는 데 그치지 않는 것이다"라고 했다. 내곡內谷 윤 공이 서문에서 간략하게 말하기를 "최근에 효소孝昭[122]와 휘녕徽寧[123] 양전兩殿의 상喪이 있어 임금께서 관청을 설치하여 《상례보편喪禮補編》을 정리해 완성하도록 하시니, 여러 신하가 백윤구를 불러 그 일을 돕도록 했다. 그는 예로써 나라를 다스려야 하는데 종묘에 소목의 차례를 정하는 것이 예에서 중대한 것이며 소목이 분별된 이후 귀신과 사람의 위치가 정해지고 길례와 흉례가 시행된다고 생각했다. 마침내 10개 조목의 의견을 올려서 임금에게 아뢰길 '오묘의 제도를 세워 이로써 천년의 착오를 바르게 하고 주자朱子의 유지를 이루어서 중국에 성인이 출현하는 날에 우리에게 와서

---

122 숙종의 둘째 계비인 인원왕후의 전호다.
123 영조의 비인 정성왕후의 전호다.

법을 취하도록 하겠습니다'라고 하니, 이는 그의 평상시 뜻이다. 편찬하는 일을 아직 다 끝내지 못했는데 그가 갑자기 죽으니 여러 신하가 몹시 슬퍼하고 안타까워하여 그의 효행을 경연 자리에서 아뢰니, 특별히 명하여 정려했다"라고 했다. 그 아들 백겸문白謙門은 스스로를 소고素皐라고 불렀으며, 근체시에 재주가 있었다. 일찍이 갑신년(1764, 영조 40) 3월 19일에 사람들과 더불어 선무사宣武祠를 참배하고 비분강개하며, 주자의 "내년의 태세가 또 군탄이구나(明年太歲又涒灘)"라는 구절로 운을 나누어 시를 지었다. 대개 바다 위 노련魯連124의 풍모가 있었으나 불행히도 요절했다.

-《겸산필기》

---

124 노중연이라고도 한다. 전국시대의 제나라 사람으로 높은 절개를 지녔으며, 어려운 일을 풀고 분규 해소하기를 좋아했다. 일찍이 위나라 사신 신원연이 진소왕에게 황제가 될 것을 주청하자 그 이해 관계를 따져 말하며 결코 진나라가 황제가 되어서는 안 된다고 역설했다. 그리고 그렇게 된다면 차라리 동해 바다에 빠져 죽겠다고 하면서 조나라의 평원군을 설득했다. 후에 전단이 제나라 왕에게 말해 상으로 작위를 주려고 했지만 바닷가로 달아나 여생을 마쳤다.

한이형韓以亨

한이형은 영묘英廟 임술년(1742, 영조 18)에 태어나서 일찍이 부모를 여의었기 때문에 배움의 기회를 놓쳤다. 우연히 이웃집에서 《근사록》을 보고난 뒤 갑자기 깨달은 것이 있었다. 비로소 위기지학爲己之學이 있다는 것을 알고 그 길로 평소의 생각을 바꾸어 독서했는데, 여태껏 스승에게 가르침을 받은 적이 없었지만 밤낮으로 육경六經을 깨우쳐 은미한 말과 심오한 뜻까지 연구하지 않음이 없었다. 특히 예학에 뛰어나 의심나고 분명하지 않은 부분을 연구하여 분별한 것이 많았다. 우리나라에 수학이알려지지 않았을 때에 교수敎授 문광도文光道[125]가 기하법幾何法을 드러내어 밝혔는데, 한이형은 그 책을 한 번 보고 열흘이 되지 않아 그 법에 완전히 통달했다. 문장에 있어서는 비록 큰 공을 들이지 않아도 시문이 예스럽고 우아하여 염락濂洛[126]의 유음遺音이 있었다. 어버이를 섬김에 정성스러운 몸가짐과 즐거운 얼굴빛으로 맛있는 음식을 극진히 대접했고, 상중喪中에는 여막에서 변변치 못한 음식을 먹으며 예를 다했다. 봄가을

---

125 1727~1775. 본관은 남평, 자는 현도다. 천문학을 공부해 삼력관과 감목관을 지냈다.
126 송나라 때 학자인 주돈이와 정호·정이를 대표하여 부르는 것으로, 이들이 살던 지역 명칭이 각각염계와 낙양인 데서 유래한 말이다.

장횡거

장횡거(1020~1077)는 자는 자후, 이름은 재로 중국 송나라의 문인이다. 정명도, 정이천과 함께 《역경》을 논하면서 송나라 유학의 기초를 세웠다.

에 시사時祀를 지낼 때면 심의深衣와 대대大帶를 하고 그 엄숙함을 다했다. 평소에 지병을 가지고 있었으나 자리와 요를 설치하여 새벽마다 사당에 찾아가는 일을 하루라도 거른 적이 없었다. 날마다 같은 뜻을 지닌 선비들과 경전의 뜻을 갈고 닦는 것을 일삼으며 간혹 학문을 따르는 자가 있으면 가르치기를 게을리 하지 않았다. 가릉嘉陵 율촌栗村에 터를 잡아 집을 짓고 양친의 뜻에 따라 농사를 감독하고 글을 읽어 자손을 가르치니 향리의 선비들이 풍문을 듣고 학문을 따르는 자가 많았다. 이에 작은 집을 수리하고 '위학상지지도爲學尙志之道'에 관한 기문을 지었다. 또 장횡거張橫渠 선생의 말씀인 '존덕성도문학尊德性道問學'을 추론하여 자세히 밝혀 그림으로 그려 앉은 자리 오른편에 걸었는데 이르기를 "마음에 두고 놓지 않으며, 불선을 고치고, 모르는 것을 더욱 아는 것, 이것이 덕성德性의 첫 번째 유익함이다. 독서하여 의리를 구하고, 사물에 대응하여 그 마땅한 바를 살펴서 거처하게 하고 옛 성현의 말과 언행을 많이 아는 것, 이것이 문학問學의 첫 번째 유익함이다"라고 했으니, 여기서 추향趣向의 바름과 각고刻苦의 공부를 볼 수 있다. 매년 봄가을 좋은 날에는 학도學徒를 거느리고 이끌어 호계虎溪[127]의 자연 사이에서 노닐며 종일 시를 읊으니 그 고도高蹈[128]의 뜻과 자족自足의 즐거움을 상상할 수 있다. 무신년(1788, 정조 12) 겨울에 임금이 그의 이름을 듣고 불렀다. 다음 해 5월 12일 서울의 여사旅舍에서 죽었는데, 임금이 매우 애석해하며 관목棺木을 하사하시고 전포錢布를 부의賻儀로 보냈다. 시문집 한 권이 있다.

－《만취정집晚翠亭集》[129]

---

127 중국 강서성 구강현 여산의 동림사 앞을 흐르는 시내의 이름이다. 동진 때의 고승 혜원법사가 동림사에 지내면서 호계를 건너 속세에 발을 디디지 않았다는 고사가 있다.

128 고상한 뜻을 가지고 속세를 떠난다는 의미다.

129 조선 후기의 위항 시인인 박영석의 문집이다.

이몽리 李夢鯉

이몽리는 서울의 위항인이다. 어려서 고아가 되어 형과 살았다. 형 이몽
표李夢豹는 역관이 되어서 이몽리에게 역학을 가르쳤는데, 이몽리는 즐
거워하지 않고 홀로 서당에 나아가《소학小學》을 배웠다. 이에 남몰래 성
현의 행실을 사모하여 언행을 함에 한결같이 규범의 척도로 삼았다. 매
일 닭이 울면 곧바로 깨끗하게 씻고 의관을 가지런히 하고 형의 처소
에 나아갔다. 이몽표가 잠에서 아직 깨지 않았으면 몽리는 방 밖에 바르
게 앉아 형이 일어나기를 기다려 안부를 묻기를 매일같이 하니, 이몽표
는 도리어 힘들어했다. 하루는 이몽표가 일찍 일어나 옷을 단정히 하고
이몽리가 오기를 기다렸다가 바로 방에서 나가 그를 맞이하니 이몽리
가 마침내 일찍부터 형의 처소에 가지 않았다. 하루는 걷고 있었는데 하
늘에서 비가 내리기 시작해 길이 진흙탕이 됐다. 이몽리가 팔을 펴서 두
손을 모아 (비를 막지 않고) 법도대로 걷고 있으니 길가의 사람들이 모두 그
를 보고 비웃었다. 이때 권세 있는 재상가 집안의 종들이 평소 방자했는
데, 좁은 길에서 만나자 욕하며 말하기를 "너는 뭐하는 자이냐?" 하며
곧 벽으로 밀치고 진흙탕 속에 넘어뜨렸다. 이몽리가 얼굴색도 변하지
않고 천천히 일어나 옷을 털고는 말 한마디 없이 가는데, 걷는 모습이

이전과 같으니 종들이 크게 부끄러워하며 그의 집까지 따라가 머리를 조아리고 사죄했다. 이로부터 위항인 중에 이몽리를 공경하면서도 어렵게 여기지 아니하는 자가 없었다. 얼마 지나지 않아 이몽리가 탄식하며 말하기를 "선비는 궁하게 살며 수행하여 선인이 되면 족할 뿐, 큰 도를 이루려는 것은 아니다"라고 했다. 저촌橙村 심육沈鋒[130] 선생이 성명학性命學을 강의한다는 소식을 듣고 그길로 200리를 걸어가 그를 따라《대학》,《중용》,《심경》등 여러 성리학을 사사하고 여러 학자와 함께 곳곳을 유람하니, 알고 이해하는 것이 더욱 정밀해지고 조리操履[131]가 더 엄격해졌다. 선생이 그의 돈독한 뜻과 학문에 힘쓰는 것을 칭찬했고, 재상 조현명은 그 명성을 듣고 편지와 폐백을 보내 예우했다. 경학에 밝은 까닭으로 그는 임금께 천거됐다. 그에게 관직이 내려졌지만 얼마 되지 않아 병사했는데, 마흔이 채 되지 않았다. 사대부 중 그를 알거나 모르거나 애석해하지 않는 자가 없었다. 내(홍양호洪良浩[132])가 어릴 적에 저촌 선생 문하에서 이몽리를 본 적이 있는데, 사람은 왜소했지만 청빈하고 조심성 있고 엄숙하며 경외할 만했다. 그와 학문을 논할 때면 의연하게 옛사람처럼 되기를 스스로 기약했다. 그가 죽었을 때 나는 가서 곡을 했다. 이몽리는 아들이 없어서 그 아내가 휘장 아래서 조문을 받았는데, 그 소리가 슬프면서도 절조가 있으니, 대개 예를 아는 사람이었다. 나는 그를 위해 탄식하고 눈물을 흘렸다.

－《이계집》

---

130 1685~1753. 본관은 청송, 자는 화보·언화, 호는 저촌·저헌으로 조선 후기의 문인이다. 강화학파를 이룬 정제두의 문인으로 벼슬에 나아가지 않았다.
131 마음으로 지키는 지조와 몸으로 행하는 행실을 말한다.
132 1724~1802. 본관은 풍산, 자는 한사로 조선 후기의 문신이다. 정조 때 이조판서, 홍문관, 예문관대제학을 역임했다.

최천익崔天翼

최천익의 자字는 진숙晉叔이고, 흥해興海[133] 사람이다. 대대로 집안은 마을의 아전을 지냈는데, 그는 오직 스스로 분발하여 선비가 되어 진사시에 합격하고는 "내 분수에 이 정도면 족하다"라고 말했다. 마침내 다시는 과거에 응시하지 않고 집에서 30년 동안 글을 가르치다가 생을 마감했는데, 향년 88세였다. 그는 먼 시골의 미천한 처지에서 우뚝 일어나 사방으로 유학하여 읽지 않은 책이 없었고, 문학에 뛰어나 영남의 명망 있는 자가 됐다. 그러나 최천익은 항상 스스로를 부족하다고 여겨 어질고 호방한 장자長者가 있다고 들으면 꼭 그를 찾아가 만나보았다. 최천익은 성품이 호탕하고 강직하며 기개가 크고 세상을 꿰뚫어보는 능력이 있어서 그의 뜻에 맞는 사람이 거의 없었다. 그러나 몸가짐을 조심하고 재능을 남에게 자랑하지 않았다. 평소 몸가짐이 매우 엄숙하다고 하는 말은 반드시 이치에 맞아서 최천익을 희롱하고 업신여기는 자들도 감히 그의 앞에 나서지 못했다. 이러한 까닭에 그를 아는 사람은 먼저 그의 덕을 칭송하고 재주는 그다음으로 여겼다. 청천靑泉 신유한申維翰[134]

---

133 경상북도 포항시의 옛 지명이다.
134 1681~1752. 본관은 영해, 자는 주백, 호는 청천으로 조선 후기의 문신이다. 1719년(숙종 45) 통신

이 연일延日[135]의 수령이 됐는데, 최천익이 지문贄文[136]을 가지고 찾아가 제자가 되기를 청했다. 신유한은 그가 배운 것을 물어보고 깜짝 놀라서 말하길 "그대는 내가 존경하는 벗으로 대해야 될 사람인데, 내가 어찌 그대의 선생이 될 수 있겠는가?"라고 했다. 신유한이 임기를 마치고 돌아갈 때 자신이 가지고 있던 서적을 최천익에게 보냈다. 그 뒤 수령으로 이 지방에 오는 사람들 가운데 그를 불러 만나보지 않는 이가 없었고, 그를 만나보면 반드시 예를 더하게 됐다. 아무리 오만방자한 사람일지라도 감히 지위나 신분을 따져 그를 업신여기지 못했다. 관부에 출입한 지 수십 년간 시비가 한 번도 그의 몸에 미치지 않았으니, 그 지방 사람들이 이 때문에 그를 더욱 어진 사람으로 여겼다. 집 안에서도 행실이 순박했고 다섯 형제가 같은 이불을 덮고 잤으며, 가속들은 항상 굶주렸음에도 근심스러운 기색을 보인 적이 없었다. 사는 집이 군데군데 부서지고 황폐해져 고을 수령이 집수리를 도와주려 했지만, 최천익은 굳이 사양했다. 손님이 오면 반드시 술상을 차리게 하고, 시를 지으면 풍류가 사람들을 감동시켰다. 뜻이 맞는 사람을 만나면 고금의 치란득실治亂得失과 관방關防의 형편을 이야기했는데, 자기 손바닥을 가리키듯 요연瞭然하여 듣는 사람이 지루함을 잊었다. 아마도 그가 세상사에 뜻이 없는 것은 아니었을 것이다. 늙어서는 그를 믿고 따르는 사람이 더욱 많아졌고, 이웃 고을에서는 혹 학교를 열어 그를 초빙하기도 했다. 그가 숨지자 상복을 입는 자가 많았다. 흥해는 궁벽한 고을인데도 지금 알려진 명사名士가 많은 것은 그의 공이다. 시집 한 권이 있어 장차 인쇄할 예정이다. 영가永

사로 일본에 다녀왔다. 문장으로 이름이 났으며, 특히 시에 걸작이 많다.
135 경상북도 영일군의 옛 지명이다.
136 스승으로 섬기기 위해 쓴 글을 말한다.

嘉[137]의 권엄權儼[138]은 남을 인정하는 일이 드물었는데, 오랫동안 흥해군수를 지내면서 최천익을 깊이 알고는 세상에 비견할 만한 사람이 없다고 여기고 늘 용전옹龍田翁이라 일컫고 이름을 부르지 않았다. 나(성대중成大中[139])는 권엄·원중거[140]에게서 최천익의 이야기를 익히 들었는데, 내가 흥해에 갔을 때 그는 이미 고인이 됐다. 나는 그의 무덤을 지날 때면 항상 한참 동안 그곳에 말을 멈추곤 했다.

-《청성집靑城集》

---

137 경상북도 안동의 옛 지명이다.
138 1729~1801. 자는 공저, 호는 섭서로 조선 후기의 문신이다. 1765년(영조 41) 식년문과에 갑과로 급제했다. 충청도 관찰사·대사간·공조판서·형조판서 등을 두루 지냈다.
139 1732~1809. 본관은 창녕, 자는 사집, 호는 청성으로 조선 후기의 문신이다. 서얼이라는 신분적 한계 때문에 벼슬길에 오르지 못할 처지였으나, 서얼통청운동庶孼通淸運動에 힘입어 1765년(영조 41) 청직淸職에 임명됐다.
140 1719~1790. 본관은 원주, 자는 자재, 호는 손암·물천으로 조선 후기의 문신이다. 1763년(영조 39) 통신사로 일본에 다녀왔다. 통신사행을 마치고 귀국한 후 《승사록》과 《화국지》를 써서 일본에 대한 이해와 객관적 인식 형성에 기여했다.

박영석 朴永錫

박영석의 자는 이극爾極이고, 본관은 전주全州이며, 스스로 만취정晩翠亭
이라고 하였다. 항상 방 안에 바로 앉아 《논어》 보는 것을 그치지 않았
다. 성묘나 조상弔喪이 아니면 문밖을 나서지 않았고, 제삿날이 아니면
내실內室에 들어가지 않았다. 우보郵報[141]를 써준 품삯으로 제사를 받들
고, 아내가 남의 헌솜을 손질하여 얻은 재물로 겨우 끼니를 이어갔다. 그
러나 서로를 대함에 원망하지 않았다. 그 당시 사람들은 모두 그를 군자
라 칭송했으나, 또한 그 사람됨의 깊고 얕음을 아는 자가 없었다. 송희정
宋喜鼎이라는 사람이 그의 죽음을 슬퍼하며 제문을 지어 곡을 하기를 "누
구는 아녀자라 하고, 누구는 승려, 누구는 군자라 하니, 어진 사람은 어
진 점을 보고, 지혜로운 사람은 지혜로운 것을 보았다. 그러나 내가 보기
에는 효자일 뿐이다"라고 했다. 1801년(순조 1)에 세상을 떠났으니 향년
87세였다.

– 《소은고素隱稿》[142]

---

141 우관郵官을 통해 중앙에서 지방으로 보내는 문서다. 우보를 베끼는 일은 어느 정도 문식이 있어야
   만 가능했다.
142 조선 후기의 위항 시인 김희령의 시문집으로 추정되나 현전하지 않는다.

박영석은 은거하면서 고결한 행동이 있어 세상에서 군자라고 칭송했다. 아버지가 병이 들었는데 땔감을 지속적으로 대드리지 못해 차가운 구들에서 돌아가시자, 마침내 평생 자신도 구들에 불을 때지 않았다. 학도 수십 명이 해마다 안부를 묻고 물건을 바치면 모두 받지 않았으나, 오직 꿩과 닭을 보내면 그 깃털을 뽑아 방 안에 깔고는 그 고기는 다시 돌려보내니 일찍이 하나의 물건도 남에게 요구하지 않았다. 어느 날 갑자기 사람들에게 돈 500~600꿰미를 빌려 부조父祖의 무덤을 높고 마른 땅으로 이장했다. 이해에 큰비가 내려 갑자기 예전 뫼 구덩이에 물이 넘쳤다가 빠져서 깊은 골이 되니 사람들이 모두 놀라 기이하게 여겼다.

－《침우담초枕雨談草》143

143 조선 후기의 중인 장지완(1806~?)의 시문집이다.

이최준李最濬

이최준의 자는 경범景範이다. 어려서 과거 시험을 위한 공부를 익혀서 팔고문에 뛰어났다. 경과慶科[144] 한성시漢城試[145]에 병들어서 가지 못한 적이 있다. 동창인 입장자가 답안지를 다 쓴 후 한 편을 함께 지어 경범의 답안지를 대신하여 제출하니, 방이 나왔는데, 과연 열에 올랐다.

경범은 눈썹을 찡그리며 말하기를 "옛날의 군자는 덕을 베풂으로써 사람을 사랑했는데, 지금의 군자는 희롱함으로써 사람을 사랑하는구나"라고 하며 마침내 회시에 나아가지 않았다.

경범을 설득하려는 사람이 경범의 아버지에게 그로 하여금 시험장에 들어가게 청했는데, 경범의 아버지가 웃으며 말하기를 "여러분의 두터운 정을 느끼지 못하는 것은 아니지만, 다만 한때의 장난일 뿐이다. 어찌 한때의 장난으로 인하여 회시에 나갈 수 있겠는가? 운이 좋아 급제하더라도 내가 누구를 속이겠는가? 하늘을 속일 것인가?"라고 하자, 여러 사람이 감히 다시 말하지 못했다.

이에 기와嗜臥 이시랑李侍郎이 듣고 탄복하여 말하기를 "이런 아버지가

---

144 조선시대 왕실이나 국가에 경사가 있을 때 시행한 과거 시험이다.
145 조선시대의 과거 중 한성부에서 실시한 생원진사초시와 식년문과의 제1차 시험을 말한다.

있어 이런 아들이 있구나"라고 했다.

-《소재고歡齋稿》146

---

146 조선 후기 역관 출신 문인 변종운의 시문집으로, 《소재집歡齋集》으로 현존한다. 총 7권 2책이다.

김영金泳

김영은 영남 사람이다. 수학(盈脁[147]句股[148])을 몹시 좋아하여 마음을 다하여 사색하다가 결국 우울증이 생겼다. 40세에도 아내를 얻지 못하여 재상 죽하竹下 김익金熤[149]이 장가를 권했다. 마침내 부지런히 힘써서 아내를 얻었지만 자식 낳는 일에는 뜻이 없었다. 정조 무신년(1778, 정조 12)에 일식日食의 도수度數가 북경과 달라서 김영을 들여 명하여 분변하도록 하니 임금의 뜻에 부합했다. 이듬해에 현륭원을 이장하는데, 김영에게 (하관할) 시간을 아뢰게 명하니 한밤중이었다. 이에 《신법중성기新法中星記》[150]를 지어 바쳤다. 임금이 이에 관상감觀象監에 명하여 특별히 삼력관三曆官을 제수했는데, 김영은 마음으로 달가워하지 않았다. 관복에 띠를 두르고 직무를 수행한 적이 없어서 여러 유생 중에 얼굴을 아는 자가 드물었다. 그러나 매년 천체의 운행을 관측할 때면 반드시 먼저 김영에게 질문한 후에야 아뢰었다. 1800년(정조 24)에 양금洋琴이 성행하는

---

147 영육은 안분비례에 관한 계산법이다.
148 구고는 방요라고도 하며, 삼각술을 말한다.
149 1723~1790. 본관은 연안, 자는 광중, 호는 죽하·약현으로 조선 후기의 문신이다. 1763년 병과에 급제했고 여러 관직을 거쳐 1784년 우의정에 임명되어 청나라에 다녀왔다.
150 1789년(정조 13) 김영이 24절기에 따라 변동하는 중성을 기록한 천문서다.

관상감 관천대
관상감은 조선시대의 기상대나 천문대이고, 관천대는
'별을 관측하는 대'라는 뜻이다. 이 관천대는 세종
16년(1434)에 설치된 서운관의 관측대로서, 서운관은
천문, 지리, 측후, 물시계와 관련된 일을 관장하는
곳이었다.

것을 보고 말하기를 "이는 살벌한 소리입니다. 장차 사악하고 거친 변고가 가까이서 일어날 것입니다"라고 했는데, 다음 해에 신유박해가 일어났다. 대개 학문은 오로지 치지致知에 힘을 썼는데, 말하기를 "안다면 곧 행함은 그 안에 있다"라고 했다. 또한 말하기를 "수신을 하고자 하면 사람을 알지 않고는 불가능하고 사람을 알고자 하면 하늘을 알지 않고는 불가능하다. 하늘을 알고자 하면 《주역》을 알지 않고는 불가능하니 《주역》은 곧 학문을 하는

데 시작과 끝이 된다"라고 했다. 평상시에 말이 어눌해서 마치 말을 못하는 것 같았으나, 그가 치세와 난세의 연유와 하늘과 사람의 분별을 논할 때에는 강물이 터지는 듯했다. (모르는 것을) 물어보면 대략 실마리를 얻으니 충족되지 않을 수 없었다. 더욱이 율려律呂에 정통했는데, 간혹 대화를 나누다가 율려를 언급하게 되면 늘 탄식하며 말하기를 "나에게 지위를 얻게 한다면 지금의 음악이 모두 옛 악곡으로 회복될 것이다"라고 했다. 그는 《원악原樂》과 《성률총서聲律總敍》를 지어 그 뜻을 보였다. 유고는 대부분 산실됐고, 《역상계몽易象啓蒙》, 《기삼백해朞三百解》, 《도교전의道教全議》, 《관물유약觀物牖鑰》 등이 남아 있다. 60여 세에 죽었고, 아들 하나

신법지평일구
중국의 해시계를 본떠 만든 것으로, 18세기 초(대략 1713~1730)에 만들었다. 국립고궁박물관 소장

가 있지만 아직 어리다.

－《국은고菊隱稿》[151]

선생은 예전에 이와 같이 말하기도 했다. "혼돈 개벽은 우레, 바람, 산,
연못의 변천이며 하늘, 땅, 해, 달의 경우에는 만고에 그대로 있는 것이
니, 어째서인가? 건곤감리 네 괘는 거스르지 않으나 진손간태의 네 괘는
전도되어 서로 작용한다. 이에 혼돈 개벽이 흘러감을 알 수 있으니 단지
봄과 가을, 낮과 밤의 왕래와 같은 것이다." 찬술한 《신법중성기》와 《누
주통의漏籌通義》[152]를 세상에 간행했고, 주조한 지평일구地平日晷와 적도
의赤道儀는 서운관에 보관되어 있다.

－《소은고》

151 《국은고》에 관한 정보는 전하지 않는다. 다만 《희조일사》 〈초활군서목록〉에 "국은고菊隱稿 (박기설
　　저朴基卨著)"라고 쓰여 있다.
152 1789년(정조 13) 김영이 눈금을 표시해놓은 화살(漏箭)을 써서 시간을 알아보도록 24기와 28수의
　　변화를 기록한 천문서다.

석희박石希璞

석희박의 자는 자성子成이고 호는 남천南川이다. 병자호란(1636, 인조 14) 때 서기의 신분으로 지천遲川 최명길崔鳴吉[153]을 따라 남문 밖으로 나가서 용골대龍骨大[154] · 마부태馬夫太[155] 두 장수에게 머물러주기를 요청했으니, 이때 나이가 겨우 20세였다. 일찍부터 죽당竹堂 신유[156]를 종유했는데 신유가 언사言事로 인해 멀고 험한 서쪽 변경으로 귀양을 가게 됐다. 친척 중에 아무도 따라가는 사람이 없었는데, 이때 석희박이 홀로 앞장서서 수천 리를 무릅쓰고 갔다. 신유가 내지로 양이量移[157]될 때 함께 돌아왔다. 세상에서 즐기고 좋아하는 것이 없었으나 오직 시와 음주만은 스스로 즐겼으니, 그 사람이 참으로 호걸이었다. 그가 지은 시 또한 아름다워

---

153 1586~1647. 본관은 전주, 자는 자겸, 호는 지천·창랑으로 조선 후기의 문신이다. 병자호란 때 강력히 화의를 주장했다.

154 1596~1648. 중국 청나라의 장수로, 만주정백기 소속이다. 청나라 기록에는 영아이대英俄爾岱로 표기되어 있다. 1627년 정묘호란 이후부터 조선 외교를 전담했다.

155 ?~1640. 중국 청나라 장수로, 만주정황기 소속이다. 청나라 기록에는 마복탑馬福塔으로 표기되어 있다. 1635년부터 용골대와 함께 조선 외교를 담당했다. 1640년 조선에 사신으로 파견됐다가 돌아가는 길에 세상을 떠났다.

156 1610~1665. 본관은 고령, 자는 군택, 호는 죽당·이옹으로 조선 후기의 문신이다. 1650년(효종 1) 도승지가 되어 동지춘추관사를 겸하여 《인조실록》 편찬에 참여했다. 1652년(효종 3) 사은부사로 청나라에 다녀왔으며, 소현세자를 따라 심양에 다녀오기도 했다.

157 멀리 귀양 가 있는 죄인을 감형하여 서울 가까운 곳으로 적소를 옮기던 일을 말한다.

서《해동유주海東遺珠》[158]와《소대풍요》에 선별되어 실렸다. 그의 아들 석만재石萬載[159]는 호가 두촌豆村인데, 그 역시 시를 잘 지었고 뜻이 높았으며 고아한 정취가 있어서 집안의 명성을 떨어뜨리지 않았다. 부자간의 시를 합한 원고가 있다.

-《침우담초》

---

158 홍세태가 편찬한 위항 시인의 시집으로 총 1책이다.
159 자는 계수, 호는 두촌으로 조선 후기의 문신이다. 청나라의 침략에 대해 애국을 노래한 〈국경에서〉 등을 지었다.

이언진李彦瑱

이언진은 자가 우상虞裳이고 서울 사람이다. 집안 대대로 역관을 했다. 이언진은 역과에 급제하여 사역원에서 벼슬을 했고, 매우 총명하고 영특하여 책을 읽을 때 눈만 스쳐도 놓치는 것이 없었으며, 문사文辭가 풍부하여 동발을 쳐서 여운이 사라지기도 전에 시를 완성하였다.[160] 또 글씨를 잘 쓰고 빨랐는데, 어느 겨울날에는 느긋하게 일어나서 세수를 하고 머리를 빗은 다음 단정하게 앉은 후 책을 베끼니 아침 식사를 하기도 전에 30여 장을 썼다. 글자의 획이 모두 바르니 글씨가 마치 인쇄한 것과 같았으며, 또한 빠뜨린 곳이 없었으니 정밀하고 민첩함이 이와 같았다. 1763년(영조 39) 통신사를 파견하게 되자 이언진이 그 재능으로 서기의 역할을 담당하여 바다를 건너 일본으로 들어갔다. 배에 유능한 문사들이 많았으나 신속함에서 이언진을 넘는 자는 없었다. 일본인은 성질이 교활하여 우리 사신이 가면 그때마다 무리 지어 찾아와 시문을 구하고, 혹은 미리 수많은 시문을 지어 와서는 갑자기 화답해주기를 요구하

---

160 양梁나라 경릉왕竟陵王 자량子良이 문사文士를 모아놓고 초가 타는 동안 시를 짓게 했다. 그러자 소문염蕭文琰이란 인물이 "그게 뭐가 그리 어려운 일인가?"라 하고는 동발銅鉢을 치게 하고, 그 울림이 멎기 전에 시를 완성했다는 고사가 있다.

니, 우리 사신들을 곤란하게 하려는 의도였다. 우리 사신들 역시 굽히고 싶지 않아서 반드시 붓을 잡고 그것에 부응했으나 너무 촉박한 것을 근심했다. 이언진이 오자 왜인 무리가 500개의 부채를 가지고 오언율시를 요구하니 이언진이 즉시 먹물 몇 되를 갈아 만들고는 읊으면서 쓰기를 반복하니 잠시 후 왜인 무리가 둘러보면서 놀라고 기뻐했다. 다시 왜인이 500개의 부채를 가지고 와서는 청하기를 "이미 공의 재능과 뜻에 감복했으니, 이번에는 공의 기억력을 시험하고자 합니다"라고 했다. 이언진이 다시 생각하며 쓰기를 반복했는데, 마치 자신이 말하는 것을 기록하듯 하니 손가락 사이에서 가을비 소리가 나는 듯했다. 잠시 후에 붓을 놓고 옷을 단정히 하여 앉으니, 해가 기울기 전에 1000개의 부채에 시를 썼으며 지은 시가 500편이었다. 기억하고 암송하는 것도 그와 같았으니 왜인들이 더욱 놀라고 탄식하고 혀를 내두르며 신기해했다. 이에 이언진의 명성이 순식간에 퍼졌다고 한다. 이언진이 비록 재능과 명성은 지녔으나 신분이 미천하여 끝내 답답하게도 뜻을 이루지 못하고 죽으니, 이때 나이가 겨우 27세였다. 죽기 전에 밖으로 나가서 그의 저작을 모두 불태우며 말하기를 "이 책을 남겨두어도 이 역시 세상에 무익하니 누가 이언진을 알겠는가?"라고 했다. 그 아내가 급하게 불이 닿지 않은 것을 구하여 겨우 시 몇 수만을 수습하여 보관했는데, 이언진이 죽고 나서야 비로소 세상에 간행됐다. 이언진이 어렸을 적에 이용휴李用休[161]를 쫓아다니며 천문학과 기하학을 배웠는데, 대강을 깨우쳤다고 한다.

– 《풍고집楓皐集》[162]

---

161 1708~1782, 본관은 여주, 자는 경명, 호는 혜환재로 조선 후기의 문인이다. 어려서는 작은아버지 이익의 문하에서 배웠다. 관직에 뜻이 없어 옛사람의 문장을 몸으로 익히는 데에 모든 노력을 쏟았다.
162 조선 후기의 문신 김조순의 시문집으로 총 16권 8책이다.

이단전李亶佃

이단전의 자는 운기耘岐다. 신분은 낮았지만 재능이 뛰어났고 시를 잘 짓고 글씨를 잘 쓰는 것으로 이름이 세상에 알려져 사대부들과 교유하였다. 스스로 호를 필재疋齋라 했는데, 아래 하下와 사람 인人을 합친 것으로 스스로를 비유한 것이다. 그가 시를 지으면 시상이 기발하여 사람을 놀라게 하지 못하면 입 밖에 내지 않았다. 두보杜甫[163]가 말한 "내 말이 다른 사람을 놀라게 하지 못한다면 죽어서도 쉴 수 없을 것이다"라는 것은 먼 훗날 단전을 위한 것이다. 이단전이 피리 소리를 듣고 말하길 "골짜기의 나뭇잎 쓸쓸히 떨어지고 시냇가의 구름은 고요히 생겨나네"라고 하니, 왕유王維[164]와 위응물韋應物[165]을 내려다볼 수 있는 경지였다. 〈수성동水聲洞〉이라는 시에서는 "지는 해는 남은 힘이 없어서 뜬구름이 스스로 모습을 바꾸네"라고 했으니 아름다운 구절이다. 얼마 지나지 않아 병

---

163 712~770. 자는 자미, 호는 소릉야로로 중국 당나라의 시인이다. 중국 고전 시가 중 가장 영향력이 있는 시인 중의 하나로 후인들은 그를 '시성詩聖'이라 부르고, 그의 시를 '시사詩史'라고 했다.

164 699~759 혹은 701~761. 자는 마힐, 호는 마힐거사로 중국 당나라의 시인이다. 상서우승의 벼슬을 역임하여 왕 우승이라고도 불린다.

165 737~804?. 자는 의박으로 중국 당나라의 시인이다. 당 현종의 경호 책임자로 총애를 받았고, 현종 사후에는 학문에 정진하여 관계에 진출, 좌사낭중·소주자사 등을 역임했다. 시를 잘 지었으며, 특히 전원 산림의 고요한 정취를 소재로 한 작품이 많다.

으로 죽으니, 사람들이 그가 자신의 죽음을 예견한 것이라 여겼다. "사람이면 누가 죽지 않겠는가. 이렇게 아름다운 구절을 얻을 수 있다면 죽음 또한 어찌 슬퍼하겠는가"라고 했으니, 이는 단전을 위한 말이다.

－《호산외기壺山外記》166

---

166 조선 후기의 문인이자 화가인 조희룡이 1844년에 엮은 전기집이다. 규장각본에는 《호산외사》라고 되어 있다.

천수경千壽慶

천수경의 자는 군선君善이다. 집은 가난했지만 독서를 좋아하고 시에 뛰어났다. 옥류천玉流泉[167] 옆에 초막을 짓고 스스로 호를 송석도인松石道人이라고 했다. 석벽 위에 '송석원松石園'이라 크게 쓴 예서체의 글자는 완당학사阮堂學士 김정희金正喜[168]가 쓴 것이다. 동인들을 모으고 그들을 나누어 시 짓는 일을 하지 않는 날이 없었다. 세상에서 시를 안다는 자들 중에 젊은이와 늙은이 할 것 없이 송석회松石會에 참여하지 못하면 사람들이 그것을 부끄럽게 여겼다. 다섯 아들이 있었는데, 첫째는 송松, 둘째는 석石, 셋째는 족足, 넷째는 과過, 다섯째는 하何다. 송과 석은 그가 거처하는 곳으로 이름을 지은 것이고, 족은 '세 아들이면 족하다'라는 것이고, 과는 '네 명의 아들은 많다'는 것이요, 하는 '아들이 다섯이니 어찌 된 일인가'라는 뜻으로 서로 전하며 웃음거리로 삼았다. 세상에 전해지는 《풍요속선風謠續選》은 그가 직접 편집한 것이다. 천수경이 죽었을 때 문인 안시혁安時赫이 장례를 치렀고 그 묘에 표를 세워 '시인 천수경의

---

167 서울시 성북구 정릉동에 있는 약수다.
168 1786~1856. 본관은 경주, 자는 원춘, 호는 추사·완당·완당학사·예당·시암·과노·농장인·천축
   고선생 등으로 조선 후기의 문신이다. 조선의 금석학파를 성립하고, 추사체를 완성했다.

묘'라고 했다.

-《호산외기》

송석원은 옥류동에 있는데, 처음에는 초가 몇 칸을 세웠다. 석벽 위에 추사 김정희가 '송석원' 세 글자를 썼는데, 그것을 새기려고 했지만 돈이 없었다. 손님들이 그 옆에 쓴 글이 있는데, "바위는 부족하지 않지만 돈이 어찌 남아 있겠는가?"라고 했다. 추사가 이를 보고 돈을 마련해 그것을 새겼다. 가난한 선비 중 글방 선생으로 살아가는 자는 많았지만, 송석원만큼 성대한 자는 없었다. 천수경은 일찍이 가난하여 노모를 봉양할 방법이 없자 마을의 어린아이들을 가르쳐서 한 달의 비용으로 사용했다. 많은 아이들이 줄지어 서 있게 되니 얼마 지나지 않아 학도들이 점점 늘어났고 수입도 점차 많아졌다. 학도들에게 달마다 60전을 내게 하고 말하기를 "하루의 독서가 어찌 2문의 값어치도 안 하겠는가?"라고 했다. 이로 인해 학도들이 많을 때는 300명에 이르렀고, 나이가 많은 사람들이 어린 사람을 챙기는 것이 군법을 따르는 듯했다. 시인들이 날마다 송석원 안에 모여들어 음식이 물 흐르는 듯했다. 너무 추운 겨울 외에는 항상 송석원에 거처했으니 집 안 사람들이 집에서 밥을 짓지 않았다.

-《침우담초》

정조의 학문을 숭상하는 가르침은 전고前古에 탁월한 것으로, 위로는 관각館閣에서 아래로는 위항委巷에 이르기까지 휩쓸리듯 풍속을 이뤘다. 모두 독서하는 것을 근본으로 삼았으며, 찬란한 풍속에 힘써 집집마다

두목

두목(803~853)은 자는 목지, 호는 번천으로, 중국 당나라의 시인이다. 역시 당나라의 시인인 이상은李商隱과 더불어 이두李杜로 불린다.

가히 표창할 인물이 많았다. 객들의 말에 옥계사玉溪社에는 백전白戰[169]이 성했다고 했다. 천수경, 장혼張混, 왕태王太가 송석원에서 모임을 이끌었다. 모인 자가 수백 명이었고 번갈아가며 모여드니 날마다 적어도 30~50명은 됐다. 매년 봄과 가을 좋은 날에 알리는 글을 보내 날짜를 정하고 중서부中書府의 연못 탁자에 자리를 깔고 모였다. 깨끗한 붓과 벼루는 매우 진기했고 큰 사발에 먹물은 가득했으며 종이와 비단의 축이 사람 키만큼 높았다. 전서와 예서를 쓰고 난과 대나무를 치며 오로지 즐겼다. 사람들은 두 명분의 음식을 가지고 와서 가난하여 밥을 갖고 오지 못한 사람들을 대접했다. 남북을 정하여 시회의 장長이 추첨하여 하나의 시제를 뽑았는데, 남쪽의 시제이면 북쪽의 음운을 쓰고 북쪽의 시제이면 남쪽의 음운을 썼다. 그것의 분량이 많든 적든 저녁이면 축이 완성됐는데, 크기가 소의 등허리에 실을 만했다. 한 명의 노복으로 하여금 시축을 당대 제일의 명문가에게 감정하게 했는데, 으뜸인 것은 여러 사람의 입으로 전송되어 그날로 서울 안에 널리 퍼졌다. 원축原軸은 장원에게 돌려주었는데 다 닳아 떨어질 때까지 서로 돌려 가며 빌려 보았다. 대개 당

---

169 흰 종이로 싸운다는 의미로, 문인들끼리 글재주 겨루는 것을 뜻한다.

시의 풍속이 이것을 가장 중요하게 여기니 큰 비용을 아끼지 않았고, 심지어 파산하여도 후회하지 않았다. 나졸도 밤에 다니는 자를 잡을 때 백전에 간다고 하면 감히 체포하지 못했다. 재상 중에 문장으로 명망이 있는 자들도 감정을 보는 것을 영광으로 삼았으니, 사람들이 부러워함이 이와 같았다. 이파계李芭溪라는 이름을 숨긴 자가 있었는데, 취하여 누워 있다가 해가 넘어가서야 일어나 지은 3수가 1, 2, 3등에 나란히 올랐다. 그는 〈기무시妓舞詩〉에서 읊기를 "한나라 동산 봄바람은 나비 그림자요, 진나라 누각 새벽달은 봉황을 기다리네. 이 사이에서 귤을 던져도 끝내 겨를이 없고 헛되이 양주揚州의 두목杜牧을 지나간다"라고 했다.

-《침우담초》

김낙서金洛瑞

내가 처음 과거에 급제한 후 문예를 공부하러 규장각에 출입했다. 그 시절은 바야흐로 문교文教가 크게 번창하여 규장각의 하급 서리들도 모두 뛰어난 글솜씨를 갖추고 있었다. 그들 중에 용모가 고아하고 행동이 단정하여 공손하기가 마치 옷을 가누지 못하는 것 같았으며[170] 순박하고 인정 많은 장자의 풍모와 비슷한 자가 있었다. 성을 물으니 김이라 했고 낙서가 이름이라고 했다. 나는 본래부터 마음속으로 그를 알았는데, 단지 온화하고 공손하며 겸손한 사람이라고 여겼을 뿐이다. 그 후 내가 규장각 관리로 지내면서 더욱 서로 친해졌는데, 그는 마치 말을 할 수 없는 듯했지만 말하는 것을 들으면 항상 경탄할 만했다. 나는 그에게 의지하여 나의 잘못을 알게 된 것이 많았으며, 이에 그가 정직하고 성실하며 견식이 있는 사람임을 알게 됐다. 그가 죽고 나서, 나는 비로소 그의 아들인 김희령金羲齡[171]에게서 그가 남긴 시와 글 1500편 정도를 얻었다.

---

170 《회남자淮南子》〈범론훈氾論訓〉에 주공周公이 부친 문왕文王을 섬길 때에 너무도 공경하여 "몸은 옷을 가누지 못하는 듯하고 말은 입 밖에 나오지 않는 듯하였다(身若不勝衣 言若不出口)"라는 구절이 있다. 조심스럽고 공손한 모습을 의미한다.

171 자는 백경, 호는 소은으로 조선 후기의 위항 시인이다. 역시 위항 시인이었던 김낙서의 아들로 서원시사西園詩社의 구성원으로 활동했다.

그 글들을 읽다가 중간쯤 감탄하여 탄식하며 말했다. "아, 내가 이 사람을 다 알지 못했다. 무르익었으되 속되지 않고 박식하되 거칠지 않으니, 아마도 깨달음이 깊은 자구나! 깊이 생각하되 원망하지 않고 한가롭게 노닐되 허황되지 않으니, 아마도 그 자질이 도에 가까운 사람이구나! 문장을 많이 짓지 않았지만 지으면 반드시 세교世敎에 도움이 되니, 이는 또 인륜에 도탑고 충후忠厚함에 의지하는 사람이구나! 슬프도다. 30여 년이란 긴 세월 동안 주선周旋하고 왕래했지만 그래도 다 알지 못한 것이 이와 같으니, 이는 진실로 내가 명석하지 못해서다. 하지만 그가 안으로 온갖 자질의 아름다움을 쌓아서 충만한데도 다른 사람들에게 자랑하지 않음이 이와 같으니, 이것이 그가 더욱 귀한 까닭이구나!"

－《연천고淵泉稿》172

172 조선 후기의 문신 홍석주의 문집으로 총 44권 20책이다.

장혼張混

장혼의 자는 원일元一이다. 어려서부터 중후하고 명석했는데 지나치게 총명한 것을 염려하여 학교에 보내지 않았다. 어머니 곽씨가 서사書史를 읽을 줄 알아서 시험 삼아 글을 가르쳤는데, 확실하게 전부 깨닫고 눈으로 한 번만 보면 바로 외워버렸다. 집이 가난하여 스스로 땔감과 물을 구해오는 수고를 했다. 겨우 열다섯 살이 되어서는 사부四部의 글에 널리 능통했는데, 그중에서도 시에 더욱 뛰어나서 시를 지어서 한 번 읊으면 사람들이 서로 앞다투어 전하면서 외웠다. 그의 정성스러운 효성은 타고난 것이어서 비록 몸에 옷을 제대로 걸치지는 못했지만 맛있는 음식 대접하기를 극진하게 했다. 부모님을 50년 동안 모심에 얌전한 모습으로 공경하며 삼갔고, 일을 하기 앞서서는 부모님의 뜻을 받들었으며, 매번 바깥에서 돌아오면 반드시 부모님께 종일토록 했던 바를 알려드렸고 고개를 끄덕이신 후에야 물러났다. 아버지가 풍현風眩[173]에 걸려서 3년 동안 일어나지 못했는데, 이때 장혼이 이미 나이가 50세를 넘겼음에도 변을 맛보고 하늘에 기도하며 힘을 다하여 봉양했다. 부친상을 당하자

---

173 풍사風邪로 인하여 생기는 현기증이다.

만사

만사는 죽은 사람을 위하여 지은 글이다. 국립고궁박물관 소장

물과 미음을 3일 동안 입에 넣지 않았고 1년 동안은 훈채董菜[174]와 비린 내 나는 음식을 먹지 않았다. 어머니가 자신의 밥상을 물리치고 어류와 육류 음식을 권하니 어머니를 위해 마지못해 따랐다. 후에 모친상을 당했는데, 병을 간호하는 100여 일 동안 옷도 벗지 않았고 어머니가 돌아가시자 죽을 듯이 가슴을 치며 애통해함이 아버지의 상보다 더했다. 장혼이 말하기를 "저번에는 그래도 어머니라도 계셨는데 지금은 영원히 목숨을 의지할 곳이 없구나"라고 했다. 전후 삼년상을 치르는 동안 한번도 입맛에 맞는 음식을 가까이 하지 않았고 아침저녁으로 곡을 했으며 곡을 할 때면 반드시 눈물을 흘렸다. 말이 양친에 이르면 오열하는데, 소리조차 나지 않았다. 항상 말하기를 "부모를 섬김에 힘을 다하는 것은 자식의 당연한 도리다. 자손 된 자가 작설綽楔[175]을 세워달라 청하는 일

---

174 파, 마늘과 같은 향이 강한 채소를 말한다. 귀신에게 부정한 음식이라 하여 제사 때나 상기喪期에는 꺼리는 음식이다.

175 충신이나 효자·열녀 등을 표창하기 위하여 그 집 앞이나 마을 앞에 세우던 붉은 문, 곧 정문旌門을 뜻한다.

은 도리어 효자의 마음을 부끄럽게 하는 것이니 나는 하지 않을 것이다"라고 했다. 두 아들에게 글을 남겼는데, "만사挽詞를 청하지도 말고 제문祭文을 받지도 마라"라고 했으니, 그러한 것은 근거 없는 말이고 지나친 칭찬이라 생각했기 때문이다. 만년에는 곤궁함이 더욱 심해져서 쌀독이 비는 지경에 이르렀는데도 책 읽는 것을 그치지 않았다. 사람들을 대할 때는 차근차근 수신제가의 법으로 경계했다. 순조 무자년(1828, 순조 28)에 죽었으니 그의 나이 70세였다. 저술한 문집 여덟 권이 있으며, 두 아들은 장창張昶과 장욱張旭이다.

– 《비연상초斐然箱抄》[176]

---

176 조선 후기 학자 장지완張之琬의 시문집이다.

왕태王太

왕태의 자는 보경步庚, 일명 한상漢相, 호는 수리數里이며, 고려 왕족의 후예다. 그러나 집안이 가난하여 먹고살 방법이 없어 24세에 김 할멈의 술집 심부름꾼이 되어서 술잔을 나르고 남는 시간에 책을 읽으니 할멈이 꾸짖어 그치게 했다. 이에 책을 품고 걸어 다니면서 읽거나 부뚜막 불에 비춰 작게 소리 내어 읽곤 하니 할멈도 그 뜻을 기특해하여 매일 초 한자루를 주어서 밤에 책을 읽을 수 있게 했다. 이 때문에 문사가 크게 진보했지만, 아는 자가 없었다. 일찍이 금호문金虎門[177] 밖에서 돈을 받고 대신 근무를 선 적이 있었는데, 하룻밤은 달빛이 밝아 흙구덩이 안에서 《상서尙書》의 한 장을 외우니 그 소리가 금석에서 나온 것 같았다. 그때 학사 석재碩齋 윤행임尹行恁[178]이 지나면서 듣고는 기이하게 여겨 수레를 멈추고 그를 불렀는데, 머리는 헝클어지고 몰골은 추했으며 누더기와 같은 옷을 입고 있었다. 학사가 그에게 자세히 물어보고는 놀라며 말하기를 "그대가 〈강물 맑은 밤에 물안개도 열구나〉라는 시를 지은 왕한상

---

177 창덕궁의 서문을 말한다.
178 1762~1801. 본관은 남원, 자는 성보, 호는 방시한재·석재, 시호는 문헌으로 조선 후기의 문신이다. 1782년(정조 6) 정시문과에 급제하여 검열에 등용, 초계문신이 됐다.

이 아닌가!"했다. 곧바로 임금께 아뢰어 불러다가 시를 짓게 하니 몇 걸음 걷는 동안 완성하여 "화창한 바람은 검은 장막 위에 불고 아침 해가 홍살문을 비추네"라는 시구를 남기니, 세상에 전하여 퍼졌다. 장용영에 벼슬자리를 줄 때는 보통 활쏘기와 말 타기로 시험을 보는데, 왕태의 경우에는 한 편의 시로 대신하게 하고서 항상 임금께서 보았다. 이윽고 중학中學의 생도로 충원하여 오경을 연구하게 했으니 전례 없는 높은 대우였다. 경신년 후로 여러 번 과거에 응했지만 급제하지 못했다. 무관으로 보임되어 조령별장鳥嶺別將이 됐으며, 70세에 졸했다.

-《호산외기》

조수삼趙秀三

조수삼의 자는 지원芝園, 호는 추재秋齋, 또 다른 호는 경원經畹이다. 풍채가 좋고 연하烟霞의 기운이 있었으며, 문사文詞가 박식했는데 그중에서도 시 짓는 것을 가장 잘했다. 여섯 번 중국을 여행하여 사해의 사람들과 교우해서 시풍이 압록강 동쪽에만 국한되지 않았다. 세상에서 조수삼이 가진 것이 모두 열 가지라 했는데, 다른 사람은 평생에 그중 하나만 얻어도 족한 것이었다. 첫 번째는 풍채와 태도이고, 두 번째는 시와 문장, 세 번째는 과문科文, 네 번째는 의학, 다섯 번째는 바둑, 여섯 번째는 글씨, 일곱 번째는 기억력, 여덟 번째는 담론, 아홉 번째는 복과 은택, 열 번째는 장수다. 처음에 중국을 여행할 때 길에서 강남 사람을 만나 함께 수레를 타고 가며 중국어를 모두 배우니 북경 사람과 만날 즈음엔 필담이나 역관의 힘을 빌리지 않고도 말할 정도였다. 한 사람과 교우가 두터웠는데, 몇 년 후에 그 사람이 죽었다. 그의 아들이 정처 없이 떠돌아다니다가 서로 요계遼薊[179]의 사이에서 만났는데, 옛일을 생각하다 감회가 일어나 곧바로 주머니를 털어 그에게 주었다. 83세에 진사로 합격하니

---

179 요는 요령성, 계는 지금의 북경시와 하북성 동북 지방을 말한다.

행서 교본

조수삼이 쓴 글씨 학습을 위한 교본이다. 국립중앙박물관 소장

임금께서 특별히 관복을 내렸다. 네 명의 아들이 있었으며 손자와 증손은 매우 많았다. 88세에 죽었으며, 시와 문장이 약간의 책으로 남아 있었는데, 재상 운석雲石 조인영趙寅永[180]이 판각하여 세상에 전할 계획 중이다.

-《호산외기》

---

180 1782~1850. 본관은 풍양, 자는 희경, 호는 운석으로 조선 후기의 문신이다. 1839년 기해사옥을 주도, 그해 우의정에 올랐다. 1841년(헌종 7) 영의정이 되어 풍양 조씨의 세도를 확립했다.

정민수鄭民秀

정민수의 자는 기범豈凡이고 호는 벽산碧山이다. 그를 아는 사람이든 모르는 사람이든 모두 벽산 선생이라 불렀다. 선생은 어려서 아버지를 잃어 가난했으나 어머니를 효성스럽게 섬겼다. 변변치 못한 음식마저도 자주 걸렀지만 맨발로 왼손에는 짚신을, 오른손에는 나막신을 들고 시장에 나가 팔면서 매일 어머니를 봉양했다. 어머니가 돌아가시자 매우 슬픔에 잠겨 건강이 악화되기가 다른 사람들보다 더 했다. 또 매달 초하루와 보름날에는 성묘를 했는데, 반드시 제수용품을 준비하여 어깨에 메고 갔다. 삼년상을 마칠 때까지 덥거나 춥거나 바람이 불거나 비가 내린다고 쉰 적이 없었다. 평소 의술을 배웠으나 이루지 못했다. 시 읊는 것을 좋아했는데 그의 시를 낭송해보면 담백하고 순수하며 평이하면서도 광활한 것이 마치 그를 보는 것 같았다. 선생이 처음 장가를 갔을 때 나이가 45세였으니 배도 나오고 머리카락도 듬성듬성했다. 자산茶山 박선성朴善性과 판향瓣香 함진숭咸鎭嵩이 모두 선생의 절친한 친구였는데, 방반석方半石 선생에게 〈벽산빙행도碧山聘行圖〉를 그려달라고 부탁하고 노래와 시를 덧붙여서 정민수에게 주니 동시에 화답하는 사람들이 헤아릴 수 없었다. 선생이 늘그막에 세상사에 뜻을 잃고 마침내 아내를 거느리고 책을 싸맨 채 적성積城에서 마을을 골라 산속에 살면서 냇물을 감상하며 지냈는데, 유유자적하는 고결한 선비의 기풍이 있었다. 오래지 않아 큰 기근이 들어 유랑민들이 밤에 선생의 집을 약탈하려 했는데, 수십 명이 흰 몽둥이를 들고 있었다. 선생은 울타리 틈새로 짧은 지팡이를 보여주며 말하길 "누군들 무기가 없는 줄 아느냐? 너희들이 나를 어찌할 수 있겠는가?"라고 했다. 도적들이 크게 웃자 선생도 크게 웃었다. 곧바로 사립문을 열고서 그들을 들이고는 "좋은 물건이 있다면 모두 가져가시게"라고 했다. 횃불을 손에 쥐고 사방의 벽을 비추었지만, 집 안에는 오직 물레 하나와 상자에 담긴 책 몇 권뿐인지라 도적들이 이내 무리 지어 떠났다. 그 와중에 선생의 갓을 빼앗은 사람이 있었는데, 선생이 그들을 타이르며 "해진 삿갓 하나 없다고 아까울 것도 없지만, 그렇다고 늙은이가 갓도 없이 제사를 지내고 빈객을 맞이하게 하려는 것이오?"라고 하니, 마침내 도적들이 웃으며 갓을 돌려주었다. 이후 다시 남양南陽의 섬으로 이사 가서 8년을 지냈으나 더욱 가난해졌다. 결국 서울로 돌아와 노년을 보냈는데, 제자를 가르치면서 생활비를 마련했다. 선생은 술에 취하면 바지를 반쯤 내리고선 큰 붓을 먹물에 적셔 아이들에게 볼기와 넓적다리 위에 휘갈겨 쓰게 하거나, 자신이 직접 붓을 놀렸는데, 볼기와 넓적다리가 다 검어져서야 그쳤다. 그 질탕하고 농지거리를 잘하는 것이 다 이런 식이었다. 무자년(1828, 순조 28) 여름 세상을 떠나니 이때 나이 예순이었다.

－《은송당집恩誦堂集》[181]

---

181 조선 후기 역관이자 문인인 이상적의 시문집으로 24권 4책이다.

박윤묵 朴允默

박윤묵의 자는 사집土執이고 호는 존재存齋다. 증조부인 박태성朴泰星은 갓난아기 때 아버지가 돌아가시어 상복을 못 입었는데 노인이 되어 부친의 삼년상을 다시 치르면서 아침저녁으로 묘소에서 곡을 했다. 박태성은 그 효성으로 관직을 하사받았고 그의 마을에는 정려문이 세워졌다. 조부인 박수천朴受天[182]은 부모상에 지나치게 슬퍼하다 결국 일어나지 못했다. 그 또한 효성으로 부역을 면제받았다. 박윤묵은 타고난 성품이 단정하고 빼어나 어려서부터 남보다 영민했다. 한번은 서당 담벼락 너머로 음악 연주가 들려 아이들이 앞다투어 달려 나간 적이 있었는데, 박윤묵은 태연하게 책을 읽었다. 일찍이 박윤묵은 어산漁山 정이조丁彛祚에게 배운 적이 있었는데, 정이조가 전염병에 걸리자 학생들은 모두 병을 피해 떠나갔다. 하지만 박윤묵은 홀로 곁을 지키면서 병이 나을 때까지 간병했다. 벼슬을 하며 받은 봉록은 모두 형제들과 나누면서 사사로이 쓰는 법이 없었다. 일전에 자식들을 가르치며 "타고난 성품은 그 자체로 선하다. 하지만 기질의 경우 독서를 통해 다듬어야 한다. 백공伯恭

---

182 본관은 밀양, 자는 성수로 박태성의 아들이다. 병조의 아전으로 부친을 극진히 봉양하여 효자로 소문이 났다.

건릉

건릉은 조선 22대 왕 정조와 효의왕후孝懿王后의 합장릉이다. 이 사진은 1906~1907년에 한국을 방문한 독일 장교 헤르만 잔더Hermann Gustav Theodor Sander(1868~1945)가 수집한 것이다. 국립민속박물관 소장

여조겸呂祖謙[183]은 《논어(魯論)》[184]를 읽고 급한 성질을 버렸으니, 옛사람들이 기질을 변화시킨 일을 알 수 있다"라고 했다. 80세 노인이 되어서도 아침 일찍 일어나 잠들기 전까지 의관을 벗지 않았다. 나라의 기일이나 집안의 제삿날에는 거친 음식을 먹고 목욕재계했다. 일을 치르고 집에 돌아와서도 단정히 앉아 잠들지 않고는 "공경스러운 마음이 아직 남아 있다"라고 했으니, 이는 진실로 학문의 힘이었다. 박윤묵이 규장각에

---

183 1137~1181. 자는 백공으로 중국 남송 대의 학자다. 주자와 함께 《근사록》을 편찬했고, 태상박사와 국사원편수관 등을 역임했다.

184 중국 한나라 때에 노나라에서 전해진 논어.

서 벼슬을 할 때 특히 정조의 은총을 많이 받으면서도 삼가면서 자만한 적이 없었다. 이후 정조의 기일이 되면 친구 왕태王太와 함께 북악산 꼭대기에 올라 남쪽의 건릉健陵을 바라보며 통곡하고 돌아왔다. 왕태도 정조에게 인정을 받았던 사람이다. 박윤묵은 을미년(1835, 헌종 1)에 평신첨사平薪僉使에 임명됐는데, 그해에 큰 흉년이 들었다. 곳간을 열어 굶주린 백성을 구휼하니, 온 마을의 백성이 이에 의지하여 목숨을 부지할 수 있었다. 그 외에도 선정이 한둘에 그치지 않았으니 그가 임기를 마치고 돌아가자 병사들과 백성들이 비석을 세워 그를 칭송했다. 평생토록 재물을 가볍게 여기고 베풀기를 좋아했는데, 나누어준 것만 계산해보면 수만 냥을 헤아렸다. 이 때문에 집안은 점점 쪼들렸으나 조금도 신경 쓰지 않았다. 선조의 훌륭한 행실을 말할 때마다 꼭 눈물을 주르륵 흘렸다. 늘 그막에는 분암墳庵[185]으로 돌아와 쉬면서 아침저녁으로 살피고 청소했는데, 바람이 불든 비가 오든, 날씨가 춥든 덥든지 간에 조금도 게을리하지 않았다. 시문은 우아하면서도 화려했으며, 서법은 세속의 수준을 뛰어넘었으니 사람들이 본받고자 했다. 이 때문에 학사學士 권응기權應夔가 박윤묵에 대한 만사에 다음과 같이 기록했다. "재주로 말하자면 글씨는《순화각첩淳化閣帖》[186]보다 뛰어나고, 문장은《소흥국자감첩紹興國子監帖》[187]을 뛰어넘었다. 다른 사람들은 이 정도만 되어도 평생 만족하겠지만, 충효를 갖춘 박윤묵에게는 한낱 자잘한 재주에 불과했다."

                                - 영야寧野 서상서徐尙書가 짓다.

185 묘소 근처에 지어놓은 암자를 말한다.
186 송의 태조가 왕저에게 편찬하도록 한 법첩으로 '순화자'는《순화각첩》의 글씨를 말한다.
187 송의 고종이 명하여《순화각첩》에 당·송의 명필을 더하여 엮은 법첩이다.

이지화李至和

이지화의 자는 군협君協이다. 서학西學[188]의 서쪽에 살아서 사람들이 학서學西 선생이라고 불렀다. 어려서 아버지를 여의고 술에 중독되어 건달처럼 살다가 30세가 되어서 태도를 바꾸어 온순해지기 시작했다. 두 형과 함께 살았는데, 첫째 형은 같은 소생이 아닌데다 어머니는 성품이 모질어서 심히 너그럽지 않았는데 이지화가 매우 온화한 태도로 어린아이처럼 재롱을 부리니 그 어머니도 한번 웃고는 화를 내지 않았다. 동서간에도 화목하여 네 식구, 내 식구를 따지지 않았으니 아이들도 내 엄마, 남의 엄마를 구분하지 않았다. 항상 《근사록》과 성리학 관련 책을 읽고, 매일 《중용中庸》과 《주역》을 외웠다. 시는 도연명陶淵明[189]과 위응물을 높이 쳤다. 서예에는 더욱 뛰어났는데, 작은 해서, 행서, 초서는 왕희지와 왕헌지에 필적했다. 사람을 대할 때에는 편안하면서도 엄숙했고, 용모도 단정했다. 예에 어긋나면 엄격한 태도로 선을 그었다. 말로라도 인물을 평가한 적이 없었고, 역사책의 내용이라도 옳은지 그른지를 구분하

---

188 조선시대 서울에 설치했던 사학 중 하나로 서부에 설치됐다.
189 365~427. 자는 원량으로, 심양 사람이다. 집 문 앞에 버드나무 다섯 그루를 심어놓고 오류 선생이라 자호했다. 시풍은 후대의 많은 시인에게 영향을 끼쳤으며, 중국의 대표적 전원 시인이다.

지 않았다. 사람들은 이러한 태도를 그의 단점이라 여겼지만, 또한 이러한 태도 덕분에 덕을 갖춘 인물이라고 알려진 것이 아니겠는가. 늘그막에는 영춘永春190에 살았는데, 이웃 마을도 감화되어 모두 입을 모아 군자라고 칭찬했다. 호서의 풍속에 인재를 천거하는 철이 되면 도떼기시장처럼 경쟁하며 벼슬을 구하러 다녔는데, 참판參判 김정균金鼎均191이 관찰사가 되어서 "학문적 능력과 검소한 행실로 이지화보다 뛰어난 사람이 있다면, 당연히 그 사람에게 한 자리를 내주겠다"라고 하자 사람들이 감히 대꾸하지 못했다. 마침내 조정에 천거되자 사람들이 시랑192의 공정함에 감복하고 학서의 실제 행실을 더욱 믿게 됐다.

－《침우담초》

---

190 충청북도 단양 지역의 옛 지명이다.
191 1782~1847. 본관은 안동, 자는 태수, 호는 서어로 조선 후기의 문신이다. 경상도 암행어사·대사간·대사헌 등을 역임했다.
192 육조 판서의 아래인 참판을 의미하며, 여기서는 김정균을 의미한다.

김홍원金弘遠

김홍원의 자는 수약守約이다. 갑자년(1624, 인조 2) 공신인 학성군鶴城君 김완
金完[193]의 후손이다. 용모가 훤칠하고 깊고 빛나는 눈으로 사람들을 바라
보았으며 과묵하고 말수가 적어 하루 종일 진흙으로 빚어놓은 인형처럼
있었다. 고금의 서적을 두루 구하여 강역疆域과 도리道里, 풍속風俗과 인물
人物을 대략 섭렵했고, 중화와 이적에 통달하여 세계 각 나라의 연혁과
흥망의 원인을 꿰뚫었으며, 일월성신의 높낮이와 땅의 형세, 일식과 월
식의 작은 차이까지도 바로잡아《대계전사大界全史》40권을 지었으니, 그
때의 나이가 30세였다. 김홍원은 글을 지으면 예스럽고 간결하여 겉만
번드르르한 말을 쓰지 않았고, 10여 세 이후로는 절대 부질없는 문자를
쓰지 않았다. 집안은 매우 가난했지만, 이틀에 하루치 음식을 먹어도 편
안히 여기며 조금도 남에게 구걸하지 않았다. 겸손하여 잘난 체하지 않
고 입 밖으로 말을 잘 꺼내지 않았다. 남이 질문을 할 때면 빙그레 웃으
며 한두 마디 말만 꺼냈는데도 말이 이치에 딱 들어맞았다. 김홍원이 스
스로 체득한 학문의 깊이에 대해서는 헤아릴 수도 없고, 학문의 박식함

---

193 1577~1635. 본관은 김해, 자는 자구, 시호는 양무로 조선 중기의 무신이다. 정유재란 때 활약했으
며, 1624년(인조 2) 이괄의 난 당시 원수 장만의 선봉장이 되어 진무공신에 올랐다.

에 대해서는 땅이 만물을 받치고 바다가 모든 물을 흡수하며 별들이 밤
하늘을 수놓는 것에 비유할 만한데도, 전혀 모르는 양 감추어만 두었다.
계사년(1653, 효종 4)에 김홍원이 죽으니 이때 나이 29세였다.

-《비연상초》

정지윤鄭芝潤

정지윤은 본관이 봉산蓬山이며 대대로 역관 집안의 후손이었다. 태어나면서부터 손에 '수壽' 자가 적혀 있었다. 20세 때 《한서漢書》의 "영지버섯은 구리 연못에서 난다"라는 말에 착안하여 마침내 자신의 호를 수동壽銅이라고 했다. 그리하여 귀한 사람과 천한 사람, 소원한 사람과 가까운 사람, 아는 사람과 모르는 사람 모두 '정수동鄭壽銅'이라고 불렀다. 정지윤은 외골수 같은 성격이라 평생 다른 사람의 구속을 받아들이지 못하고 정해진 규범의 바깥에서 행동했다. 그러나 진실하고 겸손하여 오히려 말을 잘하지 못하는 것 같았고, 말을 못 하는 듯했으며, 자신이 가진 능력을 자랑하며 남을 능가하려 하지도 않았으니 옥황상제부터 비천한 비렁뱅이까지 위아래로 짝이 될 만했다. 문자에 매우 총명하여 기이하고 복잡하여 이해할 수 없는 문장이라도 한 번만 보면 그 요지가 긴밀하게 연결되어 핵심이 되는 곳을 훤히 알았다. 시에 가장 뛰어났는데, 고금의 오묘하고 정밀한 시를 두루 섭렵하여 열심히 읽고, 마음에 드는 구절을 자신의 시에 잘 녹여냈다. 술 잘 마시는 것을 자신의 천성이라 생각하고, 슬프거나 기쁘거나 어떤 것을 얻거나 잃거나 울거나 웃거나 우울하거나 힘들 때도 모두 술에 기대어 시를 지었다. 추사秋史 김정희는 그를 기특하게 여겨 자신의 집에 머무르며 보관하고 있던 서적을 볼 수 있게 해주었는데, 그의 학문의 폭이 보다 넓어져서 진전하길 바란 것이다. 정지윤은 몇 달 동안 책만 탐독하고 온 마음을 쏟아 붓만 잡았는데, 그동안 집 밖의 일에는 전혀 관심도 주지 않더니 갑자기 훌쩍 떠나 다시 돌아오지 않았다. 발자취를 찾아 따라가 보았지만 깊은 곳에 숨어 있어 옷자락조차 보이지 않았다. 이후에도 이와 같은 일이 한두 번이 아니었다. 지금의 참판參判 성일聖一 김병덕金炳德[194]은 엄격하면서도 단정하여 사람들과 함부로 친해지질 않았는데, 정지윤만은 좋아하여 서로 마주 앉으면 절절함이 흘러넘쳤다. 김병덕은 매번 좋은 술과 안주를 차려서 그를 머무르게 했다. 이에 사람들은 정지윤이 김병덕의 마음에 든 것은 둥근 자루에 네모난 구멍을 뚫는 것처럼 모순적인 상황이라고 했다. 그럼에도 정지윤은 허름한 옷차림으로 방자하게 행동했는데, 추사 김정희의 집에 있을 때와 같거나 오히려 더 심하기도 했다. 끝내 그는 세상에 길들여지지 않았는데, 늘그막에는 더욱 술에 빠져 때론 열흘 이상 밥을 먹지 않기도 했다. 내(조두순趙斗淳[195])가 사역원 제거로 있을 때 한 달간의 식량을 고려하여 녹봉을 나누어주려고 하며 말했다. "당신은 반드시 100운韻의 오언시로 갚으시오." 그러자 정지윤은 하룻밤 만에 백운시를 완성했는데, 마치 구슬을 꿰어놓은 것 같았다. 시험을 칠 때 역과에 관한 책을 집어 읽게 했는데, 눈을 부릅뜨고 좌우를 바라보더니 책은 읽지 않고 "저는 이 뜻을 모르겠습니다"라고 했으니, 정말 역관이 되고 싶지 않

194 1825~1892. 본관은 안동, 자는 성일, 호는 약산으로 조선 후기의 문신이다. 고종 연간 좌의정·총리군국사무를 지냈다. 청렴결백한 명재상으로 칭송받았다.
195 1796~1870. 본관은 양주, 자는 원칠, 호는 심암으로 조선 후기의 문신이다. 40년 동안 벼슬하면서 순조·헌종·철종·고종을 보필했다. 흥선대원군 집권 초기에 영의정이 되어 1년간 경복궁 재건, 《대전회통》 편찬, 삼군부 설치 등의 지휘를 맡았다.

았던 것이다. 부인 김씨의 성품은 어질고 순종적이었다. 집안이 찢어지게 가난하여서 길쌈으로 남편을 봉양하면서도 싫거나 고통스러운 기색이 전혀 없었다. 대체로 남편이 사대부와 함께 노닐면서 문필로서 이름을 알리는 것을 영광으로 여길 뿐 다른 것은 신경도 쓰지 않은 것이다. 정지윤이 다시 묘향산에 들어가자 도성에서는 그가 머리를 깎고 중이됐다는 소문으로 떠들썩했다. 정지윤이 돌아오자 부인 김씨가 맞이하며 "제 간담이 녹아내려버렸습니다"라고 했다. 그러자 정지윤은 "여자의 간담은 작을수록 좋소"라고 대꾸했다. 정지윤은 말이 어눌한 듯했지만, 손뼉을 치며 농담을 건네면 겨우 한두 마디에 불과해도 듣는 사람은 모두 크게 웃었으니 대체로 그의 뜻이 세상을 희롱하거나 풍자함에 있었기 때문이다. 술에 취하면 땅바닥을 자리 삼아 드러누워 잠들어서는 다시 말하지 않았다. 일전에 "내가 보기에 얼마 안 남은 듯하니 심암心菴 조두순 선생의 몇 줄 문장을 얻을 수 있다면 내 생을 마치기에 충분할 듯하오"라고 한 적이 있었는데, 얼마 되지 않아 갑작스레 병으로 하룻밤만에 세상을 떠나니 이때 나이 51세였다. 김병덕이 재물을 내어서 그의 장례를 치렀다. 정지윤은《하원시초夏園詩抄》한 책을 남겼는데, 최성환崔瑆煥[196]이 수집한 것을 판각하여 간행한 것이다.

- 상국 심암 조두순이 짓다.

정지윤은 일찍 아버지를 여의었는데, 어머니 최씨는 꿋꿋한 절개로 자신을 지켰고 손수 바느질을 하며 정지윤을 키웠다. 정지윤은 자질이 뛰어나고 법도에 얽매이지 않았으니, 투전鬪牋·골패骨牌·노름·잡극雜劇

---

196 1813~1891. 본관은 충주로 조선 후기의 무신이다. 1858년(철종 9) 다양한 개혁책을 담은《고문비략顧問備略》을 저술하였다.

같은 것도 마음껏 즐겼다. 연
회나 글솜씨를 뽐내는 자리에
서는 멋들어지게 시문을 지
었으니, 세상 사람들이 진晉나
라 시풍詩風에 송宋나라 시의詩
意를 겸비했다고 칭찬했다. 가
야 할 곳이 있으면 편하게 반
소매 옷에 큰 신발을 신고 홀
로 천리가 지척인 듯 길을 나
섰다. 일면식이 없는 자라도

투전
숫자를 나타내는 그림, 문자, 시구 등이 있는 여러 장의
종이를 나눠 가져 끗수를 따지는 노름 도구. 국립민속
박물관 소장

평소 알고 지낸 사이처럼 추켜세워주고, 설령 부인과 아이라 하더라도
볼 때마다 주머니를 털어 술과 음식을 마련하여 권했다. 손님 중 그를
싫어하여 헐뜯는 사람이 있었는데, 재상 심암 조두순이 "자네는 높은 권
세와 부를 누리며 세상을 살아가기에 재주가 뛰어나지만, 100대 이후에
세상 사람들은 정지윤이 있는 줄은 알아도 자네는 모를 것이네"라고 말
하고 더는 말을 하지 않으니, 손님이 부끄러워하며 물러났다. 조두순은
사역원 제거가 됐을 때 정지윤을 불러 참봉 직을 맡겼다. 고사에 임금의
행차에 낭관으로 배종하지 않는 자는 화살집을 차고 본
사에서 입직하게 했는데, 정지윤이 이를 탐탁
지 않게 생각하여 남쪽의 관악산으로
놀러 나갔다가 결국 파면됐다.

－《비연상초》

골패
납작하고 네모진 나뭇조각 윗면에 여러
가지 수효를 나타내는 구멍을 새긴 노름
도구. 국립민속박물관 소장

이수장李壽長

이수장의 자는 인수仁叟, 호는 정곡貞谷이다. 어려서부터 글씨를 쓰며 종요鍾繇와 왕희지를 마음에 새겼는데, 나이가 들수록 더욱 의지를 불태워서 50년 동안 하루도 붓을 놓은 적이 없었다. 붓글씨의 즐거움 때문에 먹고 자는 것도 잊고 명성이나 재물도 멀리했으니 가난과 굶주림에 대한 근심은 그의 마음을 흔들 수 없었다. 그는 붓글씨에 모든 공력을 쏟았기 때문에 성취도 대단했으니 크고 작은 해서와 행서가 마침내 왕희지의 글씨에 필적했다. 《난정서蘭亭序》[197]와 《성교서聖敎序》[198] 등의 여러 서첩을 필사한 것이 진본과 털끝만큼도 차이가 나지 않아 보는 사람들이 거의 그 진위를 구별할 수 없었다. 그가 외교 문서를 필사하는 직책에 있었기 때문에 어쩔 수 없이 경홍景洪 한호韓濩의 글씨를 모방하여 당시의 요구에 부응해야 했다. 일반적으로 말하는 한호의 필법 역시 실제로는 진나라의 필법[199]을 골격으로 하여 변해온 것인데, 오직 이수장만

---

197 동진 목제 때인 353년(영화 9) 3월 3일에 왕희지와 사안 등 42인의 명사가 회계 산음의 난정蘭亭에서 수계를 하고 시를 지은 것에 대해 왕희지가 서문을 짓고 잠견지蠶繭紙에 서수필鼠鬚筆로 쓴 것을 말한다.
198 당 태종이 불경을 인출한 뒤에 자신이 《성교서》를 짓고 왕희지의 글자를 모아서 글씨를 썼는데, 여기서는 그 필체를 말한 것이다.
199 왕희지의 글씨를 말한다.

한호의 서첩

한호(1543~1605)는 본관은 삼화, 자는 경홍, 호는 석봉·청사로, 조선의 대표적 서예가다. 사자관으로 외교 문서 작성을 담당했고, 중국에 서사관으로 파견되기도 했다. 국립중앙박물관 소장

이 진나라의 필법을 깊이 깨달았으므로 그의 글씨가 한호의 서체와 매우 닮을 수밖에 없었다. 진나라 필법은 당나라 시와 같은 위상으로 단연코 천고의 절조絶調다. 진실로 하늘이 고금토록 한계를 지웠기 때문에 사람의 힘으로는 도달할 수 없는 것이다. 우리나라가 신라와 고려 이래로 수천 년을 지나면서 이름난 서예가들이 대대로 나와서 각자 자신을 행촌杏村,200 비해당匪懈堂,201 청송聽松,202 고산孤山,203 봉래蓬萊,204 석봉石

---

200 이엽(1297~1364)의 호다. 이엽은 서와 초서를 잘 써서 조맹부와 쌍벽을 이루었다.
201 안평대군 이용(1418~1453)의 호다. 안평대군은 시문·그림·가야금 등에 능하고, 특히 글씨에 뛰어나 당대의 명필로 꼽혔다.
202 성수침(1493~1564)의 호다. 조광조의 문인으로, 글씨에 뛰어나 명성을 떨치고 문하에서 많은 학자를 배출했다.
203 황기로(1521~?)의 호다. 조선의 서예가로 '초성'으로 불렸다.
204 양사언(1517~1584)의 호다. 시와 글씨에 모두 능했는데, 특히 초서와 큰 글자를 잘 써서 안평대군·김구·한호 등과 함께 조선 전기의 4대 서예가로 불렸다.

峯이라고들 했지만, 오직 진나라의 서체만을 전공으로 하는 사람은 매우 적었으니 어찌 어렵다고 하여 꺼렸기 때문이 아니겠는가. 간간이 이름 있는 사람 중 이를 배우려는 사람이 겨우 몇 명 있었지만, 오직 김생金生205만이 홀로 힘 있는 필력을 얻었을 뿐, 나머지는 모두 미미했으니 진의 서체를 배우는 어려움이 이와 같았다. 맹자孟子가 "요임금의 옷을 입고 요임금의 말을 외우면 이 또한 요임금이다"206라 했고, 초楚 장왕莊王은 우맹優孟이 손바닥을 치는 것을 보고 숙오叔敖가 다시 살아났다고 의심했다.207 오늘날 이수장만 홀로 옛사람도 어려워하던 것에 노력하여 끝내 그 정도의 경지를 이루어냈으니 세상에 내놓을 만한 뛰어난 재능이자, 왕희지를 보좌할 만하다고 할 수 있다. 나(고시언高時彦)는 일전에 "천지간의 시와 글씨로 다시 진과 당의 수준을 볼 수 없을 것"이라고 말한 적이 있었는데, 최근에 다행스럽게도 창랑 홍세태가 지은 시가 단번에 개원開元과 천보天寶 연간208의 위대함을 따라잡았고, 때마침 이수장이 한 시대에 같이 태어났으니, 생각해보면 하늘이 이 두 사람을 세상에 내어 우리나라를 문文으로써 밝힌 것은 우연이 아니다. 그러나 세상이 모두 듣는 것만 귀하게 여기고 보는 것을 천하게 여기므로 이수장이 진의 서체를, 홍세태가 당의 시풍에 견줄 만하다는 것에 대하여 믿는 사람이 겨우 열에 한둘이고 의심하는 사람이 반이며 모르는 사람도 열에 서넛이다. 아들은 인석이다.

---

205 711~?. 자는 지서로 신라의 명필이다. 예서와 행서, 초서에 능하여 '해동의 서성書聖'으로 칭송받았다. 백률사의 석당기石幢記와 창림비昌林碑의 비문 등을 썼다.
206 《맹자》〈고자〉 하에 나오는 내용으로, 여기서는 이수장의 글씨가 왕희지의 글씨와 매우 흡사함을 이르는 말이다.
207 우맹은 초나라의 유명한 광대로 죽은 손숙오의 의관을 갖추어 입고 손숙오 아들의 곤궁함을 구해주었다는 고사가 있는데, 여기서는 이수장의 글씨가 왕희지의 글씨와 흡사함을 강조한 말이다.
208 당 현종이 다스린 개원 연간 29년과 천보 연간 14년을 합한 43년간의 치세(713~756)를 말한다.

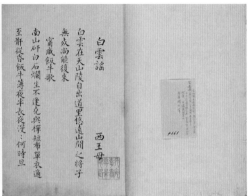

이수장의 서첩 1, 2
국립중앙박물관 소장

-《성재집》

　이수장이 일찍이 숙종 때에 궁으로 불려 들어가 어명으로 임금이 손수 지은 시 여덟 장을 옮겨 적고, 또 어명에 따라 금박 가루로 종요와 왕희지의 서첩을 필사했다. 글자를 써서 올릴 때마다 임금이 이를 보시곤 칭찬을 멈추지 않고 술을 내려서 후하게 포상했다. 기축년(1709, 숙종 35) 청나라 사신 연갱요年羹堯209가 우리나라의 글씨 잘 쓰는 사람을 만나보기를 청했는데, 조정에서 이수장으로 응대했다. 연갱요가 글씨를 보고 크게 기뻐하며 "그대의 서법은 고르고 가지런하면서도 힘이 있으니 조선 제일의 서예가라 할 수 있소"라고 하고는, 자신이 지은 '마음을 닦는 법'에 대한 글을 베껴주었으니, 이는 글씨가 마음을 근본으로 삼기 때문이다. 신묘년(1711, 숙종 37)에 통신사를 따라 일본에 들어갔는데, 일본 사

209　1679~1726. 청나라 한군 양황기 출신으로 자는 양공, 호는 쌍봉이다. 사천순무와 총독, 정서장군을 역임했으며, 서장의 반란을 진압했다.

람 중 비단과 종이를 갖고서 이수장에게 글씨를 부탁하는 사람이 매일 수천 명에 달하자 이수장은 해서든 초서든 손 가는 대로 휘갈겨 쓰니 책상 앞에 쌓인 것이 순식간에 다 없어졌다. 일본에서 글씨 좀 쓴다고 알려진 사람들도 모두 "정곡 이수장의 서법은 종요와 왕희지, 장욱張旭[210]과 회소懷素[211]에게서 깨달음을 얻어 글자가 클수록 탁월하고 작을수록 오묘해진다. 게다가 그 초서법은 완만한데도 힘이 있어서 더욱 흉내 낼 수 없으니 그 서체가 여러 아름다움을 겸했다고 할 수 있다"라고 했다. 늘그막에는 서학書學의 연원을 따져서 서체별로 분류하고 수집하여《묵지간금墨池揀金》[212]이라 했는데, 분명하면서도 자세하여 진실로 후학들의 지침서라고 할 수 있다.

－ 참판 나헌懶軒 이제李濟가 짓다.

210 ?~?. 자는 백고로 당나라 현종 때의 서예가다. 술을 좋아하여 크게 취하면 때로 머리를 먹물에 적시어 휘둘러 초서를 썼으므로 세상 사람들이 장전張顚(장미치광이)이라 불렀다.
211 725~785. 자는 장진, 속성은 전씨로 당나라 때 승려다. 초서에 뛰어나 초성삼매草聖三昧를 자칭했다.
212 이수장이 편집한 책이라고는 하나 현전하지 않는다.

엄한붕嚴漢朋

엄한붕의 호는 만향晚香이며 명필로 이름났다. 그의 아들 엄계응嚴啓膺[213]이 와서 집에 보관하고 있는 엄한붕의 글씨를 보여주었는데, 여러 서첩 속의 각 글씨체가 마치 무기고 안에 빽빽하게 들어 있는 무기들이 사람을 강하게 압박하는 것같이 도저히 침범하지 못할 기세를 품고 있으니 이 얼마나 대단한가! 아담하고 우아함은 비록 명가名家에 비해 조금 손색이 있지만, 그 웅장하면서도 굳건한 필체만 따지면 석봉 한호 이후 제일간다고 할 수 있겠다. 하늘이 내린 재주와 사람의 노력이 합쳐지지 않았다면 어찌 이럴 수 있었겠는가. 생각해보면, 실력은 안에 감추어져 있는데 과시하려는 마음이 없었기 때문에 실력에 비해 알려지지 않은 것이다.

— 지돈녕부사知敦寧府事 송하松下 조윤형曹允亨[214]이 짓다.

---

213 1737~1816. 본관은 영월, 자는 치수, 호는 약오·연석으로 조선 후기의 문인이다. 그림과 글씨에 뛰어났고 시에도 능했다. 위항 시인으로 주로 송석원시사에서 활동했다.
214 1725~1799. 본관은 창녕, 자는 치행, 호는 송하옹으로 조선 후기의 문신이다. 서사관, 호조참의, 지돈녕부사를 역임했으며, 그림과 글씨에 능했다. 정조 즉위 초 중국에서《고금도서집성古今圖書集成》을 수입해와 5022책으로 다시 정리했는데 조윤형이 명필로 소문난 탓에 제목 '도서집성'을 무려 5022번 썼다.

강세황 초상

강세황(1713~1791)은 본관은 진주, 자는 광지, 호는 첨재·산향재로 조선 후기의 문신이자 화가다.
한성부판윤을 역임했으며, 시·서·화에 모두 뛰어난 삼절三絕로 일컬어졌다. 국립중앙박물관 소장

나(강세황姜世晃)는 어렸을 때부터 만향재晚香齋 엄한붕을 알고 있었는데,
그의 서법에 심취하지 않은 적이 없었다. 다만 나이 차이가 나서 서법에
대해 서로 의논하지 못한 것이 한스러울 따름이었다. 그가 새로 간행한
《초천자草千字》는 정말로 왕희지와 왕헌지의 오묘한 점만을 취했는데,
우리나라에서 근래 도달할 수 있는 경지가 아니었다.

– 헌정憲靖 표암豹菴 강세황이 짓다.

옹정제雍正帝가 조선의 외교 문서(자문咨文)를 보고 그의 해서 서법의 정밀하면서도 오묘한 실력에 감탄했다. 그 후 칙사가 갈 때 붉은 비단 한 필을 가져가게 하여 글씨 값을 치르게 했다. 향을 피우고 조서를 선포한 뒤 엄한붕을 불러 '경화문景化門' 세 글자를 쓰게 하고, 이를 가지고 가서 (자금성의) 태화전太和殿 동쪽 등화문登化門 옆에 걸어두었다.

– 아들 엄계응이 지은《금금기錦衾記》215

---

215 《금금기》는 엄한붕의 아들 엄계응이 남긴 그림과 글씨, 시를 엮고 부친의 시와 그림인《금금기실기錦衾記實記》를 합쳐 발간한 책이다. 겉표지에는《약오가장초藥塢家藏鈔》라고 쓰여 있다.

조광진曹匡振

조광진의 자는 정보正甫이고 평양에 살았다. 말을 더듬거려 자신의 호를 눌인訥人이라고 했다. 집이 가난하여 사방을 돌아다니며 배웠다. 처음에는 원교圓嶠 이광사李匡師의 글씨를 익혔고, 늙어서는 노공魯公 안진경顏眞卿[216] 서법의 정수를 크게 깨닫고 깊이 체득했다. 전서와 예서를 쓰면 금석金石과 같은 기운이 있었으며 옛 서법 필사에 더욱 뛰어났다. 행서와 초서는 석암石菴 유용劉墉[217]과 비슷했고, 지예指隸는 수옥水屋 장도악張道渥[218]에 견줄 만했다. 쇠를 구부리고 금을 녹인 듯하여 세간의 글씨와 같지 않았으니 천전天篆과 운뢰雲雷보다도 뛰어났다. 지금 쾌재정快哉亭[219]의 현판은 그의 예서 글씨다. 중국 사신이 그것을 보고 매우 놀라 조선에 이러한 명필이 있느냐고 하면서 한번 보기를 요청했다. 어떤 사람이 그의 집은 천리 밖에 있으며 지금 그는 이미 죽었다고 평계를 대니

---

216 709~785. 중국 당나라의 서예가로 자는 청신이다. 노군개국공에 봉해졌기 때문에 안노공으로 불렸다. 남성적 기백이 넘치는 그의 글씨는 안체라고 불리며, 이후 중국 서도書道에 큰 영향을 끼쳤다.
217 1719~1804. 중국 청나라의 정치가·서예가다. 자는 숭여, 호는 석암이다. 재상을 역임했으며, 소해小楷와 행서, 초서에 뛰어났다.
218 1757~1829. 중국 청나라의 서화가다. 자는 수옥·봉자, 호는 죽휴다.
219 평양 대동강 서편 언덕에 있는 정자다.

이광사의 필서

이광사(1705~1777)는 본관은 전주, 자는 도보, 호는 원교·수북으로 조선 후기의 문신이다. 소론의
실각으로 벼슬길에 나아가지 못했고, 나주벽서사건에 연루되어 유배지에서 죽었다. 독특한 서체인
원교체를 이루어 후대에 많은 영향을 끼쳤다. 국립중앙박물관 소장

신위의 글씨

신위(1769~1845)는 본관은 평산, 자는 한수, 호는 자하·경수당으로 조선 후기의 문신이다. 이조참판·
병조참판 등을 역임했다. 이정李霆·유덕장柳德章과 함께 조선시대 3대 묵죽화가로 손꼽힌다.
국립중앙박물관 소장

중국 사신이 계속 안타까워하다가 100부나 탁본해서 가지고 갔다. 자하紫霞 신위申緯와 추사 김정희는 모두 한 시대의 대가인데, 그의 재능을 크게 인정했다. 추사는 "우아하면서도 탁월하고 괴상한 듯하면서도 빼어나니, 우리나라에 일찍이 없었던 사람이다"라고 했다. 박명博明[220]의 글씨를 필사하여 원본과 비교해보면 점차 그를 뛰어넘으려 했고, 동기창董其昌[221]의 글씨를 필사하면 거의 진본과 같았다. 일반적으로 우리나라 사람들은 모두 질박한 풍조에 익숙하여 동기창이 글을 쓰는 방법과 매우 달랐으니 삐침 하나와 파임 하나도 따라하지 못했다. 그런데 그는 갖가지로 변화시켜도 못 하는 것이 없었으니 대단하고도 신이한 능력을 갖지 않았다면 어찌 이와 같은 경지에 올랐겠는가.

― 《비연상초》

판서判書 의석宜石 김응근金應根[222]이 평양감사가 됐는데, 조광진이 큰 글씨 쓰는 것을 시험해보고자 했다. 이에 연광정練光亭에서 그 정자의 크기를 꽉 채우도록 몇 묶음의 종이를 이어 붙였는데, 정자는 30칸이나 됐다. 큰 붓을 만들어 공이로 붓대를 삼고 붓을 적셨는데, 붓대가 소의 허리 같았다. 조광진이 옷을 벗고 커다란 밧줄을 가지고 붓을 어깨 위에 묶어놓고 성큼성큼 걸어가 글씨를 쓰기 시작하는데 마치 개미가 쟁반 위를 걸어 다니는 듯했다. 익翼 자 하나를 쓰고 또 전戰 자 하나를 썼는

---

220 1721~1789. 중국 청나라의 문인으로 호는 석재·서재다. 몽골인으로 조선 사행을 상대로 장사를 하던 북경 상인 황씨 집안의 사위가 되어 북경에 온 조선 인사들과 빈번하게 교유했다.
221 1555~1636. 중국 명나라의 문인으로 자는 현재, 호는 사백·남경이다. 예부상서·예부상서 겸 태자태보 등을 역임했다. 문학에 능통했고, 서가로서도 명 대 제일이라고 불리며 형동邢侗과 함께 '북형남동'이라 불린다.
222 1793~1863. 본관은 안동, 자는 계경, 호는 의석으로 조선 후기의 문신이다. 글씨를 잘 쓰는 것으로 유명하여 평양의 의열사비를 썼다.

연광정 사진엽서
연광정은 평양 대동강 가의 덕암바위에 있는 정자로 조선 중종 때 평양감사 허굉許硡이 지었다. 사진은
일제강점기 연광정 전경과 기생들의 모습을 담은 것이다. 국립민속박물관 소장

데, 보고 있던 사람들이 난간과 울타리 위로 물러나기 시작했다. 가까이
바라보면 잘 썼는지, 못 썼는지를 분간할 수 없었는데, 글씨를 50무武[223]
밖에 걸어두자 비로소 글자 배열의 오묘함에 놀라워했다. 김응근이 감
탄하면서 "전戰은 짧고 익翼은 길게 생겼는데도 듬성듬성하고 촘촘한 것
이 서로 비슷하니 손과 눈으로 이룰 수 있는 경지가 아니다"라고 하고
크게 상을 주었다. 태사太史 취미翠微 신재식申在植[224]이 조광진의 글씨를
가지고 연경燕京에 들어갔는데 촉蜀 땅의 선비가 그것을 얻자 서신을 써
서 조광진에게 사례하고 후하게 선물을 보냈다.

－《침우담초》

223 길이를 재는 단위로 반보半步, 즉 석 자 길이다.
224 1770~?. 본관은 평산, 자는 중립, 호는 취미로 조선 후기의 문신이다. 1805년(순조 5) 별시문과에
　　급제하여 1826년(순조 6) 동지사부사로 청나라에 다녀왔다.

김명국金鳴國

화원 김명국은 인조 대의 사람으로 스스로 호를 연담蓮潭이라고 했다. 그의 그림은 옛것을 본받지 않고 자신의 마음을 통해 스스로 체득한 것이었다. 그중에서도 특히 인물과 수석에 뛰어났고 수묵과 담채 기법을 잘 활용했다. 자신이 가지고 있는 개성에 주안점을 두어 절대 세속의 화려하게 채색하는 방법으로 사람들의 눈을 즐겁게 하지 않았다. 사람됨이 소탈하고 해학을 좋아하며 술을 즐겨 한 번에 몇 말을 마실 수 있었다. 그림을 그릴 때는 반드시 술에 잔뜩 취하고 나서 붓을 휘둘렀는데, 붓이 자유로울수록 자신의 생각이 작품에 잘 녹아들기 때문이었다. 술에 얼큰하게 취했을 때는 그의 기풍이 흘러 넘쳤으니, 대체로 그가 만족한 작품은 대부분 취한 뒤에 그린 것이라 한다. 그림을 구하려고 김명국의 집을 찾아가는 사람은 반드시 술 항아리를 갖고 와야 했다. 사대부가 자신의 집에 불러서 맞이할 때도 술을 많이 준비하여 그의 주량을 채워주면 그제야 기꺼운 마음으로 붓을 들었다. 이 때문에 세상 사람들이 주광酒狂이라 했고, 평소 알고 지내던 사람들도 그를 점점 더 괴짜라고 여겼다.

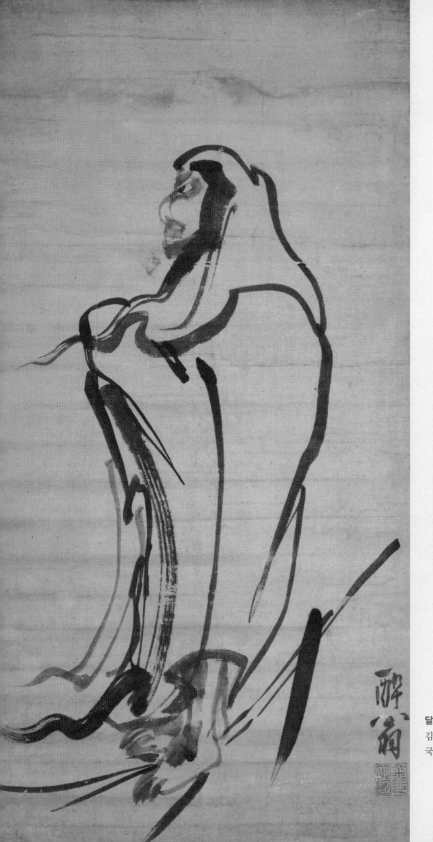

달마도
김명국이 그린 것이다.
국립중앙박물관 소장

일전에 영남에 사는 스님이 큰 비단에 '명사도冥司圖'225를 그려달라고 부탁하며 고운 베 수십 필을 예물로 가져온 적이 있었다. 김명국은 그 포를 아내에게 주고 "술값으로 충당하여 내가 몇 달 동안 즐겁게 술을 마실 수 있도록 해주시게"라고 했다. 얼마간 시간이 흘러 스님이 찾아와 그림에 대해 묻자, 김명국은 "그대는 일단 돌아가서 내 마음이 그림을 그리고 싶을 때까지 기다리시게"라고 했는데, 이러한 경우가 서너 번 이어졌다. 마침내 어느 날 술을 흠뻑 마시고 취해서는 비단을 보고 생각에 잠겨 한참 동안 뚫어지게 쳐다보더니 대번에 그림을 그려냈다. 그림 속 불전의 위치와 귀물鬼物의 형색에는 삼삼한 기운이 있었는데, 붙잡혀서 앞으로 나오는 사람과 끌려가서 형벌을 받는 사람, 찢기어서 불태워지는 사람, 짓이겨져 숫돌에 갈리는 사람들이 모두 화상和尙과 비구니로 그려져 있었다. 스님이 그것을 보고 놀라 헐떡이며 "아! 당신은 어찌하여 우리의 큰일을 그르친 것입니까?"라고 하니, 명국이 두 다리를 쭉 뻗고 앉아 웃으면서 "너희들이 일생에 한 악업은 이 세상을 미혹하고 백성을 속인 것이니 지옥에 들어갈 자가 너희들이 아니라면 누구이겠느냐"라고 했다. 스님이 눈살을 찌푸리며 "이 그림은 불태워버리고 우리의 베는 돌려주십시오"라고 했다. 김명국이 웃으면서 "너희들이 이것을 완성하길 바란다면 술을 더 사와라. 내가 너희를 위해 다시 고치겠다"라고 했다. 스님이 술을 사오니, 명국이 고개를 쳐들고 다시 웃어젖히더니 이내 술을 가득 채워 마시고 취기에 기대어 붓을 잡고선 민머리에는 머리털을, 수염을 깎은 자에게는 수염을 그려 넣고, 검은 옷을 입은 자와 장삼을 입은 자에게는 채색하여 그 색을 바꿔버렸다. 순식간에 그려냈는데

---

225 사람이 죽어 저승으로 가서 심판받는 장면을 그린 그림으로 명부전에 걸었던 지옥도다.

도 그림이 더욱 새로워지고 고친 흔적도 찾아볼 수 없었다. 명국은 그림 그리기를 마치자마자 붓을 던지고는 다시 크게 웃으며 술을 가득 채워 마셨다. 스님이 다시 보고 뛰어난 실력에 감탄하면서 "당신은 정말 천하의 신필입니다"라고 하며 절을 하고는 돌아갔다. 지금도 그 그림은 여전히 사문沙門의 보물로 전해진다고 한다. 김명국이 죽고 그 제자 중 패강浿江 조세걸曺世杰226이 그가 남긴 화풍을 전수받아 수묵과 인물화로 칭송받았지만, 그의 신이한 경지에는 도달하지 못했다.

-《완암집》

---

226 1635~?. 본관은 창녕, 호는 패주·수천으로 조선 후기의 화가다. 김명국에게 그림을 배웠으며 정교하고 섬세한 붓놀림으로 산수·인물 등에 뛰어났다.

진재해秦再奚

화원 진재해는 영조 때 그림으로 이름을 날렸으며, 특히 초상화를 잘 그렸다. 예조판서 서유경徐有慶[227]이 일찍이 경연에서 아뢰었다. "진재해는 역적 목호룡睦虎龍[228]이 공신으로 책봉되어 초상을 그리는 날에 간절히 사양하고 붓을 잡지 않았습니다. 김일경金一鏡[229]의 무리가 재차 그를 협박했으나 진재해는 '이 손으로 이미 선대왕 숙종의 어진을 그렸는데 어찌 차마 목호룡을 그릴 수 있겠는가?'라고 했으니 그의 늠름한 기상이 느껴지는 듯합니다. 그의 손자가 가난하여 살기 힘들다고 합니다. 군문에서 적당한 자리에 임명하게 하여 조금이나마 그의 충의에 보답하게 해주십시오." 임금이 그것을 허락하여 이에 별군직[230]에 임명됐다.

－《겸산필기》

227 1727~1788. 본관은 대구, 자는 선여로 조선 후기의 문신이다. 1750년(영조 26) 식년시 진사시에 급제하고 좌참찬 등을 역임했다.
228 1684~1724. 본관은 사천이다. 경종을 시해하려는 모의가 있었다고 고변하여 노론의 사대신四大臣인 김창집, 이이명, 이건명, 조태채가 숙청되는 신임사화가 일어났다. 1724년(경종 4) 영조가 즉위하자 신임사화가 무고로 일어났다는 노론의 주장에 따라 김일경과 함께 체포되어 옥에서 급사했으며, 죽은 후 당고개에 효수됐다.
229 1662~1724. 본관은 광산, 자는 인감, 호는 아계로 조선 후기의 문신이다. 왕세제인 연잉군(훗날의 영조)을 지지하는 노론을 제거하기 위해 신임사화를 주도했다가 영조 즉위 후 무고로 처형됐다.
230 별군직청에 딸린 임금의 시위를 맡는 무직이다. 소임은 별로 없으나 대우가 좋았다.

연잉군(영조) 초상
진재해가 그린 것이다.
국립고궁박물관 소장

김홍도金弘道

김홍도의 자는 사능士能이고 호는 단원檀園이다. 풍채가 좋고 배포가 커서 한곳에 얽매이지 않았으니 사람들이 그를 가리켜 신선 세계에 사는 사람이라고 했다. 산수·인물·화훼·영모를 그려서 오묘한 경지에 이르지 않은 것이 없었지만, 그중에서도 신선도에 더욱 뛰어났다. 준찰皴擦·구염句染·구간軀幹·의문衣紋[231] 등의 기법은 이전 사람들을 답습하지 않고 스스로 타고난 재능으로 활용했는데, 그림의 신묘한 이치가 명쾌하여 시원시원하게 사람들을 즐겁게 하니 화원 중에서도 특별한 재주를 가지고 있었다. 정조 때 대궐에서 그림 그리는 일을 맡아 했는데, 한 폭을 진상할 때마다 임금의 마음에 들었다. 한번은 하얗게 칠한 큰 벽에 〈해상군선도海上群仙圖〉를 그리라는 명을 받았다. 환관에게 짙은 먹물 몇 되를 들고 서 있게 하고는 갓을 벗고 옷깃을 걷어붙인 채 그대로 서서 비바람이 몰아치듯 붓을 휘두르니 두어 시간 만에 그림이 완성됐다. 그림 속 바닷물은 거세게 집을 집어삼킬 듯하고, 사람들은 쓸쓸한 기색으

---

231 준찰과 구염은 명암과 조도를 맞추는 것, 구간과 의문은 인물의 몸체와 옷의 무늬를 그리는 기법이다.

〈서원아집도西園雅集圖〉
김홍도가 34세 때인 1778년에 중국의 유명한 '서원아집(북송 대 영종의 부마 왕선이 자기 집 정원, 즉 서원에서 문인묵객을 초청해 즐기던 모임)' 관련 이야기를 그린 여섯 폭 병풍 그림. 국립중앙박물관 소장

로 구름을 올라타고 있으니, 옛날 대동전大同殿의 벽화[232]도 여기에 비하면 더 낫다고 할 수 없었다. 다시 금강산 네 고을의 산수를 그리게 하고 여러 고을에서 음식을 제공하게 했으니, 특별 대우였다. 김홍도는 음서로 관직이 연풍 현감에 이르렀으나 집이 가난하여 간혹 끼니조차 잇지 못할 때도 있었다. 어떤 사람이 매우 기이한 매화 한 그루를 팔려고 했는데 살 돈이 없었다. 때마침 그림을 그려달라는 사람이 돈 3000냥을 주자 곧바로 2000냥으로는 매화를 사고 800냥으로는 술 몇 말을 사서는 그림 그리는 사람들을 모아다가 매화를 감상하는 술잔치를 열었다. 200냥

---

232 중국 원강雲崗 석굴에 있는 대동석굴사大同石窟寺의 벽화를 말한다.

〈산수도〉

김양기가 그린 그림. 김양기(1792~1844?)는 본관은 김해, 자는 천리, 호는 긍원·낭곡으로 조선 후기의
화가다. 부친은 화원 김홍도이며, 김양기도 역시 그림으로 이름이 났다. 국립중앙박물관 소장

으로 쌀과 땔감을 샀지만, 하루치도 되지 않았다. 그의 소탈하면서도 호방한 성격이 이와 같았다. 아들 김양기金良驥의 자는 천리千里이고 호는 긍원肯園으로 그의 그림에도 가풍이 남아 있다.

-《호산외기》

최북崔北

최북의 자는 칠칠七七로, 세상에는 그의 가계와 본관이 알려지지 않았다. 이름을 파자破字하여 자字로 삼는 것이 이 당시에 유행했다.[233] 그림을 잘 그렸지만 한쪽 눈이 멀어서 일찍부터 한쪽 안경만 걸치고 모본을 베껴 그렸다. 술을 즐기고 나가 노는 것을 좋아했다. 구룡연九龍淵[234]에 들어갔을 때는 극도로 즐거워서 술에 거나하게 취해 울다가 웃다가 했다. 그러더니 갑자기 소리를 지르며 "천하의 명인 최북은 당연히 천하의 명산에서 죽어야지"라고 하고는 마침내 몸을 날려 구룡연에 뛰어들었으나, 옆에 구해주는 사람이 있어 떨어지지 않았다. 들쳐 업혀 산 아래 평평한 바위에 도착할 때까지 숨을 헐떡이며 있었는데, 갑자기 일어나 휘파람을 휙 부니 수풀 사이에 울려 퍼져 휴식을 취하고 있던 매들이 빼애액 울면서 날아갔다. 최북은 술을 마실 때마다 항상 하루에 대여섯 되를 마셨다. 저잣거리의 술 파는 아이들이 술병을 갖고 오면 최북은 그때마다 집안의 서적과 돈을 다 털어서 술을 사버리니 재산은 갈수록 바닥

---

233 최북의 '북北'을 좌우로 나누면 '칠七' 자 두 개가 나온다.
234 금강산의 구룡폭九龍瀑이 떨어져 이룬 깊은 못이다. 크고 작은 아홉 개의 구혈甌穴이 화강암 바위에 패어 있어 마치 용이 빠져나간 듯한 모양을 이루고 있다.

최북 초상화
조선 후기 화가 이한철이 그렸다고 전한다. 개인 소장

을 드러냈다. 마침내 서경부와 동래부를 떠돌면서 그림을 팔기 시작하니 서경부와 동래부의 사람들이 비단을 가지고 끊임없이 찾아왔다. 어느 날 어떤 사람이 산수화를 요구하자 산만 그리고 물은 그리지 않는데 그 사람이 이상하게 여겨 이를 따지니, 최북이 붓을 던지고 일어서서 "허허. 종이 바깥은 모두 물이잖소"라고 대답했다. 그림이 뜻대로 됐는데 돈을 적게 주면 최북은 곧바로 화를 내며 꾸짖고선 그 그림을 찢어서 남겨두지 않았다. 간혹 그림이 뜻대로 되지 않았는데도 그 값을 지나치게 내면 껄껄 웃고는 그 사람을 밀치고 돌아서 짐을 지고 문을 나서다가 다시 그를 가리키고 비웃기를 "저 더벅머리는 값도 모르는 놈이다"라고 했다. 이에 스스로 호를 '호생자毫生子'235라고 했다. 최북은 성격이 오만

---

235 붓끝으로 먹고사는 사람이라는 뜻이다.

하여 사람을 따르지 않았다. 하루는 서평공자西平公子 이요李橈236와 바둑을 두면서 많은 돈을 내기로 걸었다. 최북이 이기려 하는 순간에 서평이 한 수만 물러달라고 부탁했다. 그러자 최북은 곧바로 검은 돌과 흰 돌을 흐트러뜨리고는 손을 거두고 앉아 말하길 "바둑은 기본적으로 놀이인데, 만약 계속해서 돌을 물러준다면 1년을 둬도 한 판을 마칠 수 없을 것이다"라고 하고는 서평과 다시는 바둑을 두지 않았다. 일전에 귀인의 집을 방문한 적이 있는데, 문지기가 이름을 대면 실례가 될까 봐 들어가서 최 직장直長237이 이르렀다고 했다. 그러자 최북이 화를 내면서 "어찌 정승이라 하지 않고 직장이라 하느냐?"라고 했다. 문지기가 "언제 정승이 되셨소?"라고 했다. 최북이 "내가 언제 직장이 됐느냐? 만일 직함을 빌려 나를 높여 부르고자 한다면 어찌 정승을 버리고, 직장이라 하는가?"라고 하고는 주인을 보지 않고 돌아갔다. 최북의 그림이 날로 세상에 알려지니 세상에서 그를 최 산수山水라고 부르기 시작했다. 그러나 그는 화훼·짐승·괴석·고목을 더 잘 그렸다. 그리고 장난삼아 미친 듯이 초서를 휘갈겨 쓰면 그 빠르기가 서예가들의 솜씨를 뛰어넘었다. 처음에 나(남공철南公轍)238는 이단전李亶佃을 통해 최북을 알게 됐는데, 한번은 최북과 산장에서 만나 밤새도록 담묵을 사용하여 대나무 그림 여러 폭을 그렸다. 최북이 나에게 "나라가 몇만 명의 수군을 둔 것은 왜의 침략에 대비하기 위해서지만, 왜는 원래부터 수전水戰에 익숙하고 우리나라의 풍속은 수전을 따로 익히지 않소. 왜가 침략해도 우리가 대응하지 않으면

---

236 선조의 아들인 인성군仁城君 이공李珙의 증손이며, 아버지는 화춘군花春君 이정李瀞이다. 영조의 신임이 두터워 수시로 자문에 응했다.

237 종7품의 낮은 관직이다. 다만 여기서는 실제 역임한 관직을 말하는 것이 아니라 높여 부르기 위한 존칭 개념으로 사용한 것이다. 요즘의 '사장님', '어르신' 같은 개념이다.

238 1760~1840. 본관은 의령, 자는 원평, 호는 사영·금릉으로 조선 후기의 문신이다. 1792년(정조 16) 친시 문과에 병과로 급제하고 홍문관부교리·규장각직각 등을 역임했다.

산수도

최북이 그린 것이다. 국립중앙박물관 소장

저들 스스로 물에 빠져 죽을 텐데 어째서 삼남의 백성들을 괴롭히며 동요하게 하는가?"라고 말했다. 다시 술을 마시면서 이야기를 나누는데, 창밖을 보니 동이 트고 있었다. 세상 사람들이 최북을 가리켜 흔히들 주정뱅이라고 하거나 화공이라고 하며 심한 사람은 미친놈이라고까지 한다. 그러나 이처럼 그의 말에는 때때로 오묘하면서도 실상에 적용할 만한 것이 많았다. 이단전은 "최북은 《서상기西廂記》, 《수호전水滸傳》과 같은 책을 즐겨 읽었고, 그가 지은 시도 기이하고 예스러워 읊을 만했으나 감추어두고 꺼내질 않았다"라고 했다. 최북은 서울의 주막에서 죽었는데, 그의 나이가 몇이었는지는 기억나지 않는다.

−《금릉집》

임희지 林熙之

임희지는 스스로를 수월도인水月道人이라 하였는데 한어 역관이다. 그 품
성이 의로우며 기개와 절조가 있었다. 둥근 얼굴에는 뾰족한 구레나룻
이 있고 신장이 8척으로 훤칠하여 도인이나 신선과 같았다. 술을 좋아
하여 간혹 밥도 먹지 못하고 여러 날 술을 깨지 못하기도 했다. 대나무
와 난을 잘 그렸는데, 대나무는 표암 강세황과 함께 이름을 날렸고, 난은
그보다 뛰어났다. 그림을 그릴 때마다 수월 두 글자를 꼭 이어서 썼는데,
간혹 그림에 제어題語를 쓰면 부록符籙239처럼 이해하기 어려웠고, 글자
의 획이 기이하고 예스러워서 다른 사람들의 글자와 달랐다. 생황도 잘
불어 사람들이 그것을 많이 배웠다. 집이 가난하여 좋은 물건은 없었지
만 그래도 거문고, 칼, 거울, 벼루를 모아두었다. 그중에서도 오래된 옥
으로 만든 붓걸이는 값이 7000냥 정도라 집값에 비하면 배나 됐다. 또
첩 하나를 두고 "내가 채소밭에서 꽃을 기르지는 못하지만, 이 사람은
당연히 꽃 한 송이라 할 만하다"라고 했다. 사는 곳이 몇 칸에 불과하고
땅은 이랑의 반도 안 됐으나, 기어코 사방으로 몇 척의 연못 하나를 팠

---

239 미래의 일을 상징적인 언어로 적어 놓은 예언서를 가리킨다.

난초 그림
임희지가 그린 것이다.
국립중앙박물관 소장

다. 하지만 샘물을 얻을 수 없어 쌀 씻은 물을 모아 부어서 물이 탁했다. 연못가에서 휘파람을 불 때마다 "내가 수월의 뜻을 저버리지 않았는데, 달이 어찌 물을 가려가며 비추겠는가?"라고 했다. 다른 책은 소장하지 않고 오직 진晉의 정사正史 일부만을 갖고 있었다. 일전에 배를 띄워 교동喬桐[240]으로 간 적이 있었는데, 바다 가운데 이르러 폭풍우를 만나서 거의 건너가지 못하게 됐다. 사람들이 모두 허둥지둥하며 부처와 보살을 부르짖었는데, 임희지가 갑자기 크게 웃으며 일어나 검은 구름과 흰 물결 사이에서 춤을 추었다. 폭풍우가 잠잠해지자 사람들이 그 이유를 물었는데, "죽음은 항상 있지만, 바다 한가운데서 폭풍우의 기이한 장엄함은 얻을 수 없으니 춤을 추지 않을 수 있겠는가?"라고 했다. 거위의 털을 얽어 옷을 만들었는데, 달빛이 밝은 밤에 쌍상투를 틀고 맨발에 깃털 옷을 입고 생황을 가로 대어 불면서 사거리를 돌아다니자 순찰하는 사람이 보고는 귀신이라고 하면서 모두 달아났다. 그의 괴이함이 이와 같았다.

-《호산외기》

---

240 인천 강화 지역의 옛 이름이다. 강화도 서북쪽에 있는 섬 지역이다.

전기田琦

전기는 자가 위공瑋公이고 호는 고람古藍이다. 풍채가 좋고 수려하며 그윽하고 예스러운 정취가 넘쳐나는 모양새가 진·당의 그림 속 사람과 같았다. 산수와 구름을 그리면 쓸쓸하고 담백하여 매번 원나라 사람의 신묘한 경지에 이르렀다. 붓놀림이 우연히 이른 것이지 원나라의 화법을 배워서 그리 된 게 아니었다. 시를 지으면 기발하고 심오하여 일반 사람들의 말은 하지 않았고, 눈썰미와 필력이 우리나라 수준이 아니었다. 겨우 서른 살에 병으로 집에서 죽었다. 나 호산거사壺山居士 조희룡趙熙龍은 이렇게 말한다. "고람의 시와 그림은 단지 당시에만 짝할 이가 드문 것이 아니라, 앞뒤로 100년 동안에도 거론될 만하다. 지난가을 내가 남쪽으로 내려갈 때 고람이 나를 찾아와 작별의 마음을 나누었는데, 어찌 이 작별이 천추가 될 것이라고 생각했겠는가! 남쪽으로 돌아간 후에 벽오초당碧梧草堂에서 전기의 〈매화서옥도梅花書屋圖〉를 보니 상단에 시 세 수가 있었다.

> 평생토록 매화의 비결을 몰라서   平生不識梅花訣
> 가슴속은 뒤죽박죽 엉켜 괴로움 덜어버리질 못하고   胸裏槎牙苦未刪

〈매화초옥도梅花草屋圖〉
전기가 그린 '매화에 둘러싸인 초가집' 그림. 국립중앙박물관 소장

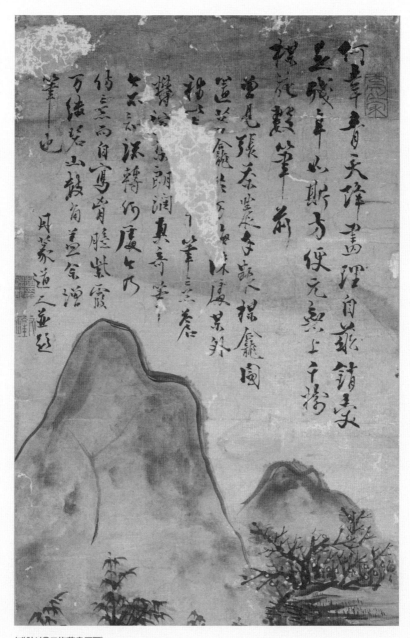

〈매화서옥도梅花書屋圖〉

조희룡이 그린 그림. 조희룡(1789~1866)은 본관은 평양, 자는 치운, 호는 우봉·석감·철적·호산·단로·매수로
조선 후기의 화가다. 김정희의 제자로 매화 그림과 난초 치는 데도 일가를 이루었다. 또한 당시 시단의
주류인 위항문학 운동의 핵심으로 활동한 시인이었다. 국립중앙박물관 소장

홀로 부옹涪翁 황정견黃庭堅[241]의 오묘한 이치를 살펴 　　獨向涪翁參妙理

춥고 맑은 새벽 고산孤山에 이르렀네 　　嫩寒淸曉到孤山

먹물 적셔 초서 휘갈기니 　　墨汁縱橫當草書

좋은 붓과 철권 필요 없소 　　不須珠暈鐵圈於

휘날리는 작은 촛불과 갈대 발 아래에 누워 　　幢幢短燭盧簾底

눈 그친 동갱산銅坑山을 꿈꾸었네 　　夢落銅坑雲霽初

푸른 오얏 가지런히 달려서 온 나무가 봄을 맞아 　　靑李齋頭一樹春

다섯 사람의 아름다운 시가 산뜻함을 겨루네 　　五兄佳句鬪淸新

작은 병풍 두르고 새로운 시상詩想에 잠기어도 　　短屛園住新詩境

처마 밑을 돌면서 꽃을 찾는 사람이 생각나지 않겠는가 　　憶否巡檐索笑人

　시가 그윽하고 담백하여 외울 만하지만 돌이켜보면 70세 노인이 30세 젊은 사람의 일을 쓰길 옛사람처럼 하는데, 이것이 차마 할 수 있는 일이겠는가? 이에 시 한 편을 지어 애도하노라.

그대 홀연히 세상을 떠나니 　　自子遽爲千古客

속세에 남겨진 빚은 모두 사라졌구려 　　塵寰餘債意全孤

아무리 흙더미에는 인정이 없다지만 　　雖云土壤非情物

설마하니 이 사람의 열 손가락도 썩히겠는가 　　果朽斯人十指無

－《호산외기》

241　1045~1105. 중국 송나라의 시인으로 자는 노직, 호는 산곡·부옹이다.《신종실록》의 검수관이 됐
　　으나, 실록 수찬이 불성실하다는 죄명으로 부주로 좌천돼 그곳에서 죽었다.

백광현白光炫

태의太醫 백광현은 인조 대에 태어났다. 사람이 온후하고 신중했으며 향리에 있을 때는 신실하여 미련한 사람 같았다. 키는 컸고 수염은 아름다웠으며 눈은 반짝여서 빛나는 듯했다. 처음에는 말을 잘 치료했는데 오로지 침으로 치료하고 의서에 의존하지 않았다. 시간이 지날수록 침술이 손에 익어 사람의 종기를 시험 삼아 해보았더니 이따금 효과를 보기 시작하여 그 길로 사람을 치료하는 일에 전념했다. 그리하여 마을을 돌아다니며 사람들의 종기를 매우 많이 살필 수 있게 되어 그 지식이 더욱 정밀해지고 침술은 더욱 나아졌다. 무릇 악성 종기 가운데 독성이 강하여 뿌리가 있는 것에는 옛 처방에 치료법이 없었는데, 광현이 정저疔疽242를 치료할 때에는 꼭 큰 침을 써 종기를 째어 독을 없애고 뿌리를 뽑아내니 죽을 지경에 빠진 사람도 살려낼 수 있었다. 처음에는 침을 사용하는 것이 매우 거칠어서 혹 사람이 죽을 때도 있었지만 그 효능으로 살아나는 자들도 많았으므로 아픈 사람들이 날마다 그 집에 모여들었다. 백광현 역시 침술로 사람을 치료하는 것을 좋아하여 더욱 힘써 행하

---

242 단단하고 뿌리가 깊은 종기를 말한다.

며 게을리 하지 않으니 침술로 명성이 크게 나서 '신의神醫'라 불렸다. 숙
종조 초에 어의로 선발, 임명됐고 공이 있을 때마다 점점 품계가 더해
져 숭록대부崇祿大夫에 이르렀으며, 여러 벼슬을 거쳐 현감이 되자 고을
에서는 그를 존귀하게 여겼다. 그러나 병든 자를 대할 때는 귀천과 친함
을 따지지 않고 요청이 있으면 즉시 갔으며, 가서는 반드시 진심으로 온
힘을 다하여 그가 나아진 것을 본 뒤에야 진료를 멈추었다. 늙고 귀해졌
다는 이유로 게을리 하지 않았으니, 이는 그의 기술이 그렇게 만든 것이
아니라 천성이 그러했던 것이다. 내(정내교) 나이 15세 때(1694, 숙종 20) 외삼
촌께서 입에 종기가 나서 태의 백광현을 불러서 보였다. 백광현이 말하
길 "고칠 수 없습니다. 이틀 전에 보지 못한 것이 한스러울 뿐입니다. 서
둘러 상구喪具를 갖추십시오. 밤을 넘기지 못할 것입니다"라고 했는데,
밤이 되자 정말로 외삼촌이 돌아가셨다. 이때 태의 백광현은 이미 매우
연로했으나 신묘한 지식은 여전하여 병으로 죽고 사는 것을 알 수 있었
으며 조금도 틀리지 않았으니, 그가 한창일 때에 신묘한 효력으로 죽음
에 이른 자도 일으켜 세울 수 있었다는 말이 허망한 말은 아닐 것이다.
태의 백광현이 죽자 그의 아들 백흥령白興齡이 의업을 이어받아 조금 능
통하다는 명성이 있었으며, 제자 가운데 박순朴淳이라는 자 또한 종기를
치료하는 것으로 명성이 났다. 지금 종기를 째서 치료하는 법은 태의 백
광현으로부터 시작된 것이지만, 후학 가운데 아무도 그에게 미치지 못
했다. 사람들 중에 고치기 어려운 종기를 앓는 자가 있으면 꼭 탄식하여
말하길 "세상에 백광현이 없으니, 아아, 죽을 운명이로다!"라고 했다.

-《완암집》

조광일趙光一

조광일의 선대는 태안泰安의 대성大姓 출신이었는데, 조광일은 집안이 가난하여 객지를 돌아다녔다. 합호合渊의 서쪽 물가에 머물러 살았는데 남다른 재능은 없었으나 침술로 유명하여 스스로 침은鍼隱이라 불렀다. 그는 자족하여 일찍이 높은 벼슬아치의 집에 발걸음하지 않았고, 그의 집 안에도 역시 지위가 높은 사람이 오는 일이 없었다. 그러다 내가 예전에 그의 집 앞을 지나는데, 새벽에 한 늙은 여인이 남루한 차림으로 땅에 엎드려 그 문에 머리를 조아리며 말하길 "저는 어떤 마을 백성으로 한 아이의 어미입니다. 아들이 어떠한 병에 걸려 거의 죽게 생겼습니다. 감히 그 목숨을 구하고자 합니다"라고 했다. 조광일이 곧바로 대답하며 말하길 "그렇게 합시다. 일단 돌아가 계시면 저도 가겠습니다"라고 했다. 일어나 그 뒤를 따랐는데, 걸어가는 길에 난색을 표하는 일이 없었다. 예전에 길에서 조광일을 만났는데, 그때 비가 내려서 길이 진창이었다. 그는 머리에 부들로 만든 삿갓을 쓰고 나막신을 신은 채 급히 걸어가고 있었다. 그에게 어디를 가는지 물었더니 말하길 "어떤 마을 백성 누구의 아비가 병에 걸려 지난번에 내가 침을 한 번 놓았는데 차도가 없어서 오늘을 기다렸다가 다시 침을 놓으러 가려고 합니다"라고 했다. 내가 괴이하여 묻기를 "그대에게 무슨 이익이 있길래 몸소 수고롭게 이리하는 것입니까?"라고 하니, 그가 웃고는 대답하지 않고 갔다. 그 됨됨이가 대략이러했다. 내가 마음으로 그것을 기이하게 여겨 그가 왕래하는 것을 살펴보다가 결국 친해져서 교우하게 됐다. 그 사람은 소탈하고 꾸밈이 없으며, 평온하고 정직하여 남과 틀어지는 일이 없었다. 오직 스스로 의술 펴는 것을 좋아했는데, 그 기술은 탕약을 쓰는 옛 방법이 아니었다. 항상 작은 가죽 주머니에는 동침과 철침 10여 개가 들어 있는데, 길고 짧으며 둥글고 모난 것이 각기 다른 형태였다. 침술로 큰 종기를 째서 상처 부위를 치료했으며, 어혈 사이를 통하게 하고 풍기風氣를 트게 해주어 절름발이와 곱사등이를 일으켜 세우니, 바로 효과를 보지 않은 이가 없었다. 아마도 침술에 정통하여 그 치료법을 얻은 사람일 것이다. 내가 일전에 묻기를 "의술이라는 것은 천한 재주이고 여항은 비천한 곳입니다. 그대의 재능으로 어찌 귀하고 현달한 사람과 교우하여 명성을 얻지 않고, 여항의 소민小民들을 쫓아 돌아다니는 것입니까?"라고 했다. 그가 웃으며 말하기를 "저는 세상의 의원들을 미워합니다. 그 기술에 의지하여 다른 사람에게 교만하게 구니 문밖에는 말 탄 사람이 서로 줄을 이으며, 집에 술과 고기를 차려놓고 기다립니다. 대략 서너 번을 청한 후에야 간다고 하고, 또 가는 곳은 귀한 가문이 아니면 부잣집입니다. 만약 가난하고 힘이 없는 자라면 아프다며 거절하기도 하고, 자리에 없다고 피하기도 하면서 백 번을 청하여도 결코 한 번을 일어나지 않습니다. 이것이 어찌 어진 사람의 마음이라 하겠습니까? 제가 오로지 민간에 돌아다니며 귀하고 세력이 있는 이들과 관계하지 않는 것은 이러한 무리를 응징하기 위해서입니다. 저 귀하고 높은 지위에 있는 자들이 어찌 우리와 같은 의원이 모자라겠습니까? 애잔하고 가엾은 것은 오직 여항의 궁핍한 백성뿐입니다. 또 제가 침을 품고 사람들 사이를 돌아다닌 일이 10여 년입니다. 어떤 날은 몇 사람의 병을 고치고 어느 달에는 수십 명을 살렸으니 온전히 살린 이들을 계산해보면 수백, 수천 사람 이하는 아닐 것입니다. 제가 올해 마흔 남짓인데 다시 수십 년을 한다면 만 명까지는 살릴 수 있을 것입니다. 살려낸 사람이 만 명이 된다면 제 일은 끝날 것입니다"라고 했다. 내가 듣고는 감탄하며 말하길 "지금 사람들은 재주가 하나 있다면 세상에 팔리기를 바라고, 작은 은혜를 다른 사람에게 베풀면 계약서를 들고서 값을 받아낸다. 세력과 이익 사이에서 위아래를 쳐다보며 취할 것이 없으면 침을 뱉고 돌아보지 않는다. 조광일은 재주가 높으나 명성을 바라지 않고, 널리 베풀고 보답을 바라지 않았다. 급한 사람들에게는 달려가지만 반드시 궁하고 세력이 없는 이들을 우선하니 남들보다 훨씬 어질었다. 나는 천 명의 사람을 살리면 반드시 음보陰報를 누린다고 들었으니, 그는 아마도 이 나라에 훌륭한 후손을 둘 것이다"라고 했다.

–《이계집》

이익성李益成

이익성은 정조 때의 사람이다. 어려서 가난하여 한 관리의 집에 객으로
있었는데, 그 집에서 허조許照를 불러 병을 살피게 했다. 허조는 훌륭한
의원인데, 이익성에게 약초를 태워 연기를 마시게 하는 일을 돕게 했다.
이익성이 성내며 하려 하지 않고 말하기를 "제가 비록 미천하나 어찌 그
의 종 노릇을 할 수 있겠습니까?" 하고는 곧장 작별인사를 하고 떠났다.
그 후 헌기軒岐[243]의 학문을 전공하여 10년 만에 훌륭한 의원으로 소문
이 났다. 한 귀인이 양명[244]에 병이 나 허조가 치료했는데, 여러 날을 계
속하여도 차도가 없자 이익성을 불러 진찰하게 했다. 허조가 먼저 자리
에 있다가 옆방으로 피해 있었고 이익성은 붓을 들어 '백호탕'이라고 썼
다. 허조가 나와서 손을 잡고 물러나며 말하길 "내가 허조다. 내가 어찌
이 처방을 모르겠느냐. 내가 단지 늙어 겁이 나서 감히 따르지 못했다"
라고 하며 소맷자락에서 종이 한 장을 꺼내니 과연 백호탕이었다. 허조
가 말하길 "이 사람에게 최고의 자리를 양보할 만하구나" 하고는 이때

---

243 기백과 황제 헌원씨를 통칭하는 말로 의술을 나타내는 말로 쓰인다. 옛날에 황제 헌원씨가 기백과
   의약을 연구, 토론하여《황제내경黃帝內經》을 만들었다고 한다.
244 경맥의 이름으로 양명경을 말한다. 양명경에는 족양명위경과 수양명대장경이 있는데 손 양명은 대
   장과, 발 양명은 위와 관련되어 있다.

부터 다시는 의원 일을 하지 않았다. 귀인이 백호탕을 한 번 먹으니 곧 병이 나았다. 한 관리의 집에 나이가 겨우 스물인 아들이 하룻밤 사이에 벙어리가 됐는데 온갖 치료를 해도 효과를 보기 어려웠다. 이익성이 그를 살피러 갔는데 안뜰을 지나다가 남쪽 처마 위에 돈으로 가득 채운 구리 그릇 대여섯 개가 있는 것을 보았다. 이익성이 괴이하여 물으니 그의 아버지가 말하기를 "늙은 아내가 이 일을 근심하여 술자術者에게 점치게 했는데, 귀신이 앙화를 끼친 것이라 하니 이것으로 액막이를 하려 했습니다"라고 말했다. 이익성이 웃으면서 말하길 "나는 좋은 의사이면서 재액을 물리치는 법에도 능합니다. 멀리서 술자를 불러올 필요가 없습니다" 하고는 그릇을 옮겨와 앞에 늘어놓게 했다. 동전 조금을 주어 파두巴豆245 몇 알을 사게 하여 벙어리의 콧구멍에 집어넣으니 얼마 되지 않아 한 번 재채기를 하고는 곧 말을 했다. 연유를 물으니 말하기를 "젊은이가 밤마다 지나친 욕정이 있어 화가 올라 폐를 눌렀기 때문에 벙어리가 된 것입니다. 파두의 성질이 뜨거우니 이는 불로써 불을 다스린 것입니다" 했다. 그의 정밀하고 민첩함이 대체로 모두 이와 같았다. 기개와 절조가 있어 비록 가난하고 천한 시양廝養246이라도 반드시 힘을 다해 치료했고, 예의가 없다면 아무리 재상의 귀한 신분이라도 굴복하지 않았다.

－《호산외기》

---

245 파두나무의 여문 씨를 말린 것이다. 독성이 강하지만 이를 한약재로 쓰면 오장육부를 깨끗하게 만들고 막힌 것을 통하게 하여 용변을 돕는다.
246 천한 잡일을 하는 종을 말한다.

유찬홍庾纘洪

유술부庾述夫의 이름은 찬홍이다. 이웃에 글방 선생이 있어 유술부도 그에게 가서 배웠는데 총명하고 영특했으며 기억하여 암송하는 것을 잘했다. 모든 생도는 조를 나누어 공부했는데 스승이 모든 생도에게 말하기를 "내일 아침 〈이소경離騷經〉[247]을 잘 외우는 자가 있으면 백획百畫을 허하고 또 상도 주겠다"라고 했다. 유술부가 학사 정두경鄭斗卿[248]의 집에 가서 문지기에게 말하길 "유찬홍이라는 자가《초사楚辭》[249]를 배우길 원한다고 하여라" 했다. 정두경은 본디 고상하고 꾸밈이 없어 시간을 정하지 않아도 볼 수 있었는데 만나고 보니 그의 가르침이 또 매우 간략했다. 유술부는 즉시 집에 돌아가 글을 읽었다. 새벽이 되자 모든 생도가 모였고, 유술부가 이내 소매에서《초사》를 꺼내어 암송하는데, 한 글자도 틀리지 않아 스승이 크게 놀랐다. 유술부가 그 재능을 믿고 다시 학문에 힘쓰지 않고 한가롭게 바둑 두는 사람을 쫓아 어울려 놀면서 그 재

---

247 전국시대 말년 초나라 굴원(기원전 343~기원전 278)이 지은 것으로 중국 문학 사상 가장 오래된 장편 서정시로 평가받는다.
248 1597~1673. 본관은 온양, 자는 군평, 호는 동명으로 조선 후기 문신이다. 부수찬·정언을 역임했고 저서로는《동명집》이 있다.
249 중국 한나라의 유향이 초나라 굴원의 〈이소〉를 비롯한 25편의 부賦와 후세의 작품을 수록하여 엮은 책으로,《시경》과 함께 중국의 고대 시가를 대표한다.

주를 다 썼다. 조강 때마다 스승은 항상 목찰로 그의 오른손 손가락을 두드리며 말하길 "네가 독서하지 못하게 하는 것이 바로 이것이다"라고 했다. 그러나 그가 바둑을 즐기는 것은 더욱 심해졌고, 나가서는 여러 바둑을 잘 두는 사람들과 대결을 했는데 감히 대적할 자가 없어 한 시대의 국수國手로 추대됐다. 이에 앞서 종실의 덕원군德源君250이 신혁神奕으로 칭해졌는데, 이때 윤홍임尹弘任이라는 자 역시 바둑을 잘 두었지만 덕원군에게는 못 미쳤다. 그러나 덕원군이 연로하자 윤홍임이 이내 그를 이기게 됐다. 유술부가 소년 후배로 하루아침에 윤홍임을 뛰어넘으니 논자들은 덕원군이 늙었기 때문에 윤홍임이 겨우 이길 수 있었지만, 유술부는 윤홍임이 한창일 때에 압도하니 유술부가 덕원군의 적수라고 했다. 유술부는 젊은 시절 기개가 매우 호탕하고 술을 좋아하고 시를 잘 지었으며 기예를 가지고 공경대부 사이에서 노닐었다. 여러 공이 그 풍문을 듣고 서로 다투어 불러다 상좌에 앉히고는 바둑 두는 것 보기를 요청하는 데에 하루도 빠짐이 없었다. 아래로는 민간의 부잣집에까지 이르니 역시 모두 술과 음식을 가득 준비하여 그를 초청했다. 유술부가 한번 바둑알을 놓으면 좌우의 구경꾼들이 담장같이 둘러서서, 심지어 발을 포개어 서 있으면서도 종일 자리를 떠나지 못했다. 유술부의 성질이 오만하여 취하여 혹 좌중에게 욕하면 모두들 귀를 막고 피했는데, 누군가 성질을 내면 도리어 꾸짖거나 욕했다. 그러나 술이 깬 후에 유술부와 이야기하면 유술부가 말하는 바가 사람들의 생각을 모두 만족시켜서 듣는 사람이 모두 기뻐하니 차마 술버릇 때문에 갑자기 그를 버리지 못했다. 그러나 유술부는 끝내 이 때문에 어려움을 여러 번 겪었고 세상

250 ?~?. 본관은 전주, 이름은 서, 시호는 소간으로 세조와 근빈 박씨의 아들이다.

에서 뜻을 이루지 못했다. 만년에는 더욱 술을 즐기고 제멋대로였으며, 식구들과 생업을 돌보지 않았다. 친한 친구 몇몇 무리와 함께 서로 쫓으며 시를 짓고 술 마시는 모임을 가지면서 마을에서 한가롭게 돌아다니고 밤낮으로 술 마시기를 즐겼다. 술이 없으면 종종 인가로 들어가서 술을 찾고 술에 취하면 그때부터 땅에 누워서 노래를 불렀는데 밤새도록 그치지 않았다. 일전에 술에 취하여 이웃 여자의 집에 들어갔는데, 그 집에서 그를 고소하여 경기도 광주로 유배를 갔다. 부윤이 평소 유술부의 재능에 대한 소문을 들었기에 보자마자 곧 앉게 하여 술을 마시게 했다. 유술부가 취하면 혹 부윤을 흘겨보며 "너, 너"라고 했다. 후에 재상이 임금에게 유술부의 원통함을 아뢰어 그를 풀어주었다. 돌아와서는 사역원의 판관이 되어 동지사를 따라 연경에 갔다. 옛 장성과 발해渤海·갈석碣石의 좋은 경치를 두루 보며 감흥이 일어나는 곳에 이르면 항상 술을 실컷 들이켜고는 사신과 시를 주고받았다. 동료들을 업신여기며 대하니 동행자들 대부분이 그를 미워했다. 돌아와서는 집에서 20여 년 동안 답답하게 지내다 죽으니, 나이 일흔이었다. 스스로 춘곡자春谷子라고 불렀으며, 저술한 시는 모두 흩어 없어져 거두지 못했는데, 다만 몇백 수 정도 집에 보관되어 있었다. 내(홍세태)가 유술부보다 25년 뒤에 태어났지만 유술부는 나를 범부로 대하지 않았다. 매번 여러 사람이 모인 자리에서 술을 마시며 즐길 때 비록 평생을 친하게 알고 지내는 사람이라도 말로 곤란하게 하지 않음이 없었는데, 유독 나에게는 그렇게 하지 않았다. 내가 그 때문에 유술부를 매우 자세히 알았다. 대개 옛말에 이른바 '자유롭게 지내며 얽매이지 않는 선비'라고 하는 것이 바로 그다. 재주를 품고도 펼칠 곳이 없어 가슴속에 높이 쌓인 불평스러운 기운을 모두 바둑과 술에 의탁하고, 세상에 쓰이지 못하고 뜻을 이루지 못한 채 그 삶

을 마쳤다. 혹자는 그를 망령된 사람이라 하지만 그의 재주는 실로 뛰어
나며 지혜롭게 생각하고 밝게 깨달았으니 그를 당세에 기용했다면 어찌
남과 같지 않았겠는가. 가난하고 운이 나빠 끝내 떨치지 못하고 죽으니
슬프도다! 내가 유독 애석해하는 것은 그가 평생 즐긴 것이 한 명의 왕
적신王積薪[251]이 되는 것에 지나지 않는다는 것이다. 만일 유술부가 바둑
에 쏟은 노력을 원대한 일에 옮겼다면 그 볼 만한 것이 어찌 이에 그쳤
을 뿐이겠는가.

-《유하집》

---

251 중국 당나라 현종 때 황제의 바둑을 상대하는 기대조라는 벼슬을 역임했던 바둑의 고수다.

김종귀金鍾貴

김종귀는 바둑으로 이름이 나서 세상 사람들이 나라의 제일수第一手라고 칭했다. 90여 세에 죽었고 김종귀 이후 세 사람을 얻으니 김한흥金漢興, 고동高同, 이학술李學述이다. 이학술은 아직 살아 있다. 김한흥은 김종귀와 이름을 나란히 하고 지금 나이가 어려 스스로 적이 없다고 여겼다. 일전에 김종귀와 더불어 내기 바둑을 하니 구경꾼들이 고슴도치의 털처럼 빽빽했다. 김한흥은 눈빛이 바둑판을 꿰뚫었으며 종횡하며 물러나고 찌르는 것이 날랜 말과 굶주린 매와 같았다. 김종귀는 손이 늙어서 바둑돌을 놓는 것도 견디지 못하는 듯이 했다. 거듭 그 형세를 살피니 반집 뒤져 있었다. 구경하던 이들이 서로 귀에 대고 말하길 "오늘 이 대국은 김한흥이 독보적이니 사양하는 것이 옳다"라고 했다. 김종귀가 바둑판을 밀고 탄식하며 말하길 "나는 늙었고 눈이 침침하다. 그대로 두고 내일 아침에 정신이 차차 맑아지기를 기다리자"라고 했다. 구경하던 사람들이 말하길 "예로부터 명수名手가 한 대국을 하는 데 이틀을 붙잡아둔다는 말은 듣지 못했다"라고 했다. 김종귀가 손으로 눈을 문지르며 다시 바둑판을 잡아당기고 앉아서 한참을 바라보다가 홀연히 한 가지 묘수를 내니 마치 물살을 가르고 관문을 부술 것 같은 기세였다. 끝내 이 한 수로 패색이 짙은 대국에서 승리를 얻어내니 온 좌중이 놀라고 탄식했다. 이는 '잘못 두지 않는 것을 두려워할 것이 아니라, 잘못 두는 것을 두려워해야 한다'라고 할 만하다.

-《호산외기》

김성기金聖基

김성기란 자는 처음에 상방궁인尙方弓人[252]이었는데, 얼마 안 되어 활 만드는 일을 버리고 어떤 사람을 쫓아 거문고를 배워[253] 그것으로 이름을 날렸다. 또 퉁소와 비파를 잘 연주해 능히 스스로 새로운 음악을 만들 수 있었는데, 교방敎坊[254]의 자제들이 이따금 그 악보를 익혀 이름을 날린 자가 많았으니, 모두 김성기의 밑에서 배출됐다. 이렇듯 김성기는 훌륭한 기예를 지녔지만, 아내와 자식을 위해 생업에 힘쓰는 것을 부끄러워하여 뇌물을 주고 배우려는 자가 있어도 구차하게 취하지 않으니 집은 날로 가난해졌다. 작은 배를 사서 서호西湖[255]에 두고 낚싯대 하나를 들고 왕래하며 물고기를 낚으니, 그 길로 스스로 호를 조은釣隱이라 했다. 강물이 고요하고 달이 밝아지자 물 가운데로 노를 저으면서 퉁소를 꺼내 서너 번 연주하니, 소리가 매우 비장하여 강 위의 기러기와 오리가 갈대숲 사이에서 날아 울며 끼룩끼룩 소리를 내고 배 곁에서 소리를 들은 자들이 모두 일어나 배회하면서 떠나지를 못했다. 이러한 때에 아전

---

252 상의원에 속하여 활 만드는 일을 맡아 하던 기술자다.
253 조수삼의 《추재집》에 따르면, 김성기는 숙종 때 거문고의 대가 왕세기에게 거문고를 배웠다.
254 좌방과 우방의 합칭으로 궁중의 음악과 무용을 담당하는 장락원 소속의 관청이다.
255 한강과 연계되는 서울의 서쪽에 자리한 호수다.

목호룡이 급변을 아뢰는 글을 올려 대신들을 많이 죽이고서 점차 세자까지 흔들어놓으려 했다. 그러나 뜻을 이루지는 못했다. 이 일로 목호룡은 도리어 동성군東城君으로 봉해졌다. 공경대부 이하부터 감히 동성군의 심기를 거스를까 봐 목호룡이라 지칭하지 못했다. 김성기가 무리와 어울려 술을 마시는데 목호룡이 준마와 시중드는 사람들을 갖추고 김성기에게 가서 청하며 말하게 하기를 "오늘 술을 마시는데 그대가 아니면 기쁨이 없으니, 바라건대 잠시 나를 방문하지 않겠는가"라고 했다. 김성기가 병을 이유로 사양하고 가지 않았는데, 그래도 심부름꾼 여러 무리를 계속 보내 굳게 청했다. 하지만 김성기는 완고히 가지 않았다. 목호룡은 그 무리에게 수치심을 느껴 위협하며 말하기를 "오지 않는다면 나도 너를 크게 곤란하게 하겠다. 나에게 오지 않으면 너는 크게 곤란해질 것이다"라고 했다. 김성기는 한창 손님과 함께 북과 비파를 연주하고 있었는데, 일어나 격분하여 심부름꾼 앞에 비파를 내던지며 말하기를 "나를 위해 목호룡에게 말을 전하라. 내가 칠십인데 어찌 네가 나를 두렵게 하겠는가. 네가 고변을 잘하니 어디 가서 나를 고변해보아라. 내가 죽기밖에 더 하겠는가"라고 했다. 목호룡이 이를 듣고 기가 꺾여 연회를 파했다. 이후 김성기는 도성에 들어가지 않았는데, 호사가들이 혹 배에 술을 싣고 오면 항상 퉁소를 불며 즐거워하고 또 몇 곡을 연주하고는 그쳤다. 그 후 2년 뒤에 목호룡이 주살됐다. 의양자宜陽子가 말하길 "고점리高漸離256가 축筑을 들자 진시황이 그 교만함을 꺾었고, 뇌해청雷海淸257이 악기를 던지자 안녹산의 그 기세가 막혔는데, 김성기가 비파를 던지니 목

---

256 중국 전국시대 말기 연나라 사람이다. 축을 잘 연주한다고 이름났고 형가와 함께 진시황을 살해하려 했으나 실패했다.
257 당나라 때 악공으로 이름난 사람이다.

호룡은 그 담력을 잃었다. 세 사람이 모두 천한 악공이어서 군자와 나란히 하지는 못했으나 그 의로움은 드높았다. 마침내 그 재주가 명성을 이루니 참으로 뛰어남이 이와 같았다. 고점리와 뇌해청의 일은《사기史記》와《강목綱目》에 모두 특기되어 있어 지금도 사람들의 이목을 끈다. 다만 우리나라 역사에 김성기의 일이 쓰일 수 있을지 여부는 알 수 없으나 일단 전기를 쓰고 기다린다"라고 했다.

― 《뇌연집》

유운태劉雲台

유운태는 봉산鳳山의 맹인이다. 일곱 살에 실명했는데 여섯 살 때 이미
《사기》를 읽었고 고체시古體詩[258]를 지었다. 실명 후에도 부지런히 공부
하여 13세에 경서를 외웠는데《주역》을 읽다가 깨달음이 있어서 선천
역先天易·후천역後天易에[259] 온 힘을 기울였다. 그리하여 점치는 데 크게 통
달하여 백 번 점을 쳐서 한 번의 실수도 없었으니 마침내 나라 안에 명
성이 크게 퍼졌다. 스스로 호를 '봉강鳳岡 선생'이라 했으며, 사람들 중에
와서 의심나는 일을 결정하고자 하는 사람이 있으면 그때마다 효제충신
의 도를 말해주므로 세간에서 엄군평의 풍모가 있다고 여겼다.

-《추재기이》

---

258 당나라 이전에 쓰인 시로 고시 혹은 고풍이라고도 하며 정해진 형식이 없다.
259 역학은 복희의 팔괘나 하도를 원천으로 삼는 선천역과 문왕의 팔괘역인 낙서를 원천으로 삼는 후
천역으로 분류된다.

조생曹生

조생은 어떠한 사람인지 모르나 책을 팔면서 오랫동안 세상을 분주히 돌아다녔다. 그리하여 그를 본 사람들은 귀천과 현우賢愚에 관계없이 모두 조생이 무슨 일을 하는지 알았다. 조생은 해가 뜨면 시장, 거리, 글방, 관부로 바쁘게 다녔기에 위로는 벼슬하는 사대부에서부터 아래로는 소학을 공부하는 어린아이에 이르기까지 만나지 않는 사람이 없었다. 그 걸음이 나는 듯했고 그 품과 소매에 가득한 것은 책이었다. 책을 팔고 나면 번 돈을 가지고 주막으로 가서 술을 취할 때까지 마시고 해가 저물면 걸어서 돌아갔다. 사람들은 그가 어디 사는지 알지 못했고 그가 밥을 먹는 것도 본 적이 없었다. 베옷 한 벌과 짚신 한 켤레로 다녔는데, 계절과 해가 바뀌어도 바뀌지 않았다. 영조 신묘년(1771, 영조 47)에 주린朱璘이 지은 《명기집략明紀輯略》에 우리 태조太祖와 인조仁祖를 욕되게 하는 말이 있어 청나라에 알리고 전국을 널리 색출하여 그 책을 불사르고 이를 파는 사람은 죽였다. 이에 나라 안에 책을 파는 사람은 온통 죽임을 당했다. 그러나 조생은 그전에 먼저 먼 지방으로 갔기 때문에 홀로 죽임을 면했다. 1년 남짓 후에 조생이 다시 돌아와서 예전처럼 다니니 사람들이 상당히 기이하게 여겨 그 이유를 물었다. 조생이 웃으며 말하기를 "제가 지금 여기 있는데 어디를 갔었다는 말입니까?"라며 모른 체했다. 어떤 이가 조생의 나이를 묻는 일이 있으면 조생이 웃으며 말하기를 "이미 잊었습니다"라고 하거나, 때로는 "서른다섯 살"이라고 했다. 올해 물었던 이가 다음 해에 다시 묻기를 "그대는 어찌하여 또 서른다섯 살을 넘지 않는 것이오?"라고 하자, 조생이 웃으며 말하기를 "인생은 서른다섯 살일 때가 좋으니, 그렇기 때문에 나는 서른다섯 살을 내 나이의 끝으로 삼아서 나이를 더하지 않으려 합니다"라고 했다. 남 얘기하기를 좋아하는 사람이 간혹 말하기를 "조생은 나이가 이미 수백 살이다"라고 했다. 조생이 눈을 휘둥그레 뜨며 말하기를 "그대는 어찌 수백 년의 일을 알고 있습니까?"라고 하니 사람들이 더 따질 수 없었다. 그런데 술을 마시고 가끔 보고 들은 것을 말했는데, 가만히 생각해보면 수백, 수십 년 된 옛일이었다. 누군가 조생에게 물었다. "고생하여 책을 팔아 무엇을 합니까?" 그러자 답하기를 "책을 팔아서 술을 사서 마실 뿐입니다"라고 하니, 다시 묻기를 "책이 모두 그대의 소유라니 그 의미는 이해하셨습니까?"라고 하자, 답하기를 "지금 내가 비록 책은 갖고 있지 않아도 어떤 이가 어떤 책을 몇 년 동안 소장했다고 하면 그 책들의 일부는 내가 판 것입니다. 이 때문에 비록 그 의미는 모른다고 하더라도 어떤 책은 누가 지었고, 누가 풀이했으며, 어떻게 쓰여 있고, 몇 편으로 묶인 책인지 알 수 있습니다. 따라서 천하의 책은 모두 나의 책이며, 천하의 책을 아는 이 가운데 나만 한 이가 없습니다. 만일 천하에 책이 없다면 나는 돌아다니지 않을 것이며, 천하의 사람들이 책을 사지 않으면 나는 매일 술을 마시고 취할 수 없습니다. 이는 하늘이 천하의 책으로 나에게 사명을 부여한 것이니, 이로써 내가 천하의 책을 알고 있는 것입니다. 그리고 이전에 어떤 이의 할아버지와 아버지가 책을 사서 신분이 귀해졌는데, 지금은 그 자손이 책을 팔아 집이 궁벽하고 가난해졌습니다. 내가 책을 통해 사람을 많이 겪었는데, 천하의 슬기롭고 어리석으며 어질고 못난 사람들이 비슷한 부류로 무리를 따라서 쉼 없이 생겨난다면 내가 어찌 단지 천하의 책만을 깨닫겠습니까? 앞으로 천하의 인간 세상도 깨닫게 될 것입니다"라고 했다. 나 경원자經畹子(조수삼)는 말한다. "처음에 내가 일고 여덟 살 되던 때 조생을 보고 기뻤으며, 조생 역시 나를 매우 아껴주어 자주 나에게 들러주었다. 내가 지금은 머리카락이 듬성듬성 있으며 손자를 안은 지도 이미 여러 해인데, 조생은 키가 크고 뺨도 불그스름하며 푸른 눈동자에 수염이 검었다. 지난날의 조생을 돌이켜보니 아, 아주 기이했다. 일전에 조생이 나에게 '사람은 오래 살고 싶어 하는데, 약이 되는 음식으로 이를 수 없으며 효와 공경을 돈독하게 행하여야 하니, 이것이 양덕陽德이다. 그대는 나를 위하여 천하 사람들이 괴로운 질문을 하지 않도록 깨우쳐주게'라고 했다. 아! 조생은 진실로 도가 있으며 스스로 숨어서 세상을 경시한 사람이니, 그와 같은 말은 노자老子와 장자莊子만이 깨달을 수 있는 이치가 아니겠는가!"

– 《추재기이》

염시도廉時道

염시도는 영의정 허적許積의 가인家人이다. 길에 떨어진 은 수십 냥을 주워 끝까지 주인을 찾은 적이 있었으니 곧 관각館閣 김 공 집안의 물건이었다. 김 공은 곧 청성부원군淸城府院君 김석주金錫冑다. 김석주가 염시도를 가상히 여겨 가져온 은을 염시도에게 주려 했지만 받지 않았다. 은을 잃어버린 노비가 염시도를 찾아와 감사의 뜻을 표하며 말하기를 "지난번에 술에 취해 은을 잃어버렸는데 주인 어르신이 매우 엄하셔서 비록 잠시 거짓으로 둘러댔지만 끝내는 매를 맞아 죽었을 것입니다"라고 했다. 노비에게 나이 열 살쯤 되는 여식이 있었는데, 염시도를 찾아와 울며 말하길 "소녀가 마땅히 몸으로 아버지를 살려주신 은혜에 보답하겠습니다"라고 하니 염시도가 손을 내저으며 떠났다. 허견의 역옥이 일어났을 때 허적이 염시도에게 말하기를 "너에게 덕을 베푼 것이 없는데, 차마 또 화를 같이 입게 할 수 있겠느냐?" 하고는 강제로 내보내 서울을 벗어나게 했다. 염시도가 붙잡혀 왔을 때 청성군 판의금부사 김석주가 임금에게 상주하여 그의 연좌를 면하게 해주고 재물을 대주어 가업으로 장사를 하게 했다. 그 후 장사 때문에 영남 모 읍에 갔다가 비를 만났는데 시골집에서 갑자기 한 여인이 황급히 나와서는 절을 하니, 곧 김석주 집안의 은을 잃어버렸던 노비의 딸이었다. 그 딸이 말하길 부모는 이미 돌아가셨고 자신은 이미 면천되어 군자(염시도)의 비첩이 되어 예전의 은혜에 보답하기로 맹세하고는 비구니 복장을 하고 염시도를 찾아다니며 날마다 손을 모아 북두성에 빌었더니 지금 과연 하늘이 사람의 소원을 들어주었다 했다. 염시도가 그 정성에 감동하여 마침내 데리고 돌아와서 처로 삼았다. 청성군 김석주의 집 곁에 살 집을 짓고서 염시도는 매일 그의 주인을 위하여 원통함을 호소했다. 풍원군 조현명이 그의 후손을 찾으니 손자 한 명이 장원서掌苑署의 이속으로 재직 중이었다. 또 들으니 영조가 일찍이 친히 기우제를 지내려고 했는데 염시도가 임금이 행차하는 길에 엎드려 아뢰길 "남인이 억울하게 옥살이를 하고 있으니 풀어주시면 하늘이 마땅히 비를 내릴 것입니다"라고 하니 영조가 얼굴빛을 바로잡고서 즉시 석방하도록 명했다. 영조가 기우제를 지내고 궁궐로 돌아오니 과연 비가 내렸다. 남인의 죄수 무관 이삼李森260이 출옥했을 때 이삼에게 씌운 형틀에 벌레가 생겼다고 한다.

－《위항쇄문委巷瑣聞》261

---

260 1677~1735. 본관은 함평, 자는 원백으로 조선 후기의 무신이다. 수원 부사, 우포도대장, 충청도 병마절도사, 병조판서를 역임했고, 저서로《관서절요關西節要》가 있다.
261 조선 후기의 문인 신광현의 시문집이다. 현존하지 않고《이향견문록里鄕見聞錄》에 실린 10여 편만이 전한다.

김수팽金壽彭

김수팽은 영조 때의 사람이다. 뜻이 호방하고 절개가 대단하여 옛날 열
장부의 기풍이 있었다. 탁지부의 관리가 되어서는 청렴결백하여 자신
의 지조를 지켰다. 아우가 있었는데 혜민국의 관리였다. 예전에 아우의
집에 갔을 때 뜰에 나란히 놓아둔 동이에 검푸른 흔적이 있어 무엇에 쓰
는 것인지 물으니, 아우가 말하길 "아내가 검푸른빛을 들이는 염업을 하
고 있습니다"라고 했다. 이에 화를 내고 아우를 때리며 말하기를 "우리
형제 모두 많은 녹봉을 받는데 이를 업으로 한다면 저 가난한 자들은 앞
으로 무슨 일을 하겠는가!"라고 하고는 염색물을 엎어버리게 하여 푸른
염색물이 콸콸 흘러 개천에 가득 찼다. 일전에 문서를 가지고 판서의 집
에 들러 서명을 청했는데, 마침 판서는 손님과 함께 바둑을 두고 있었다.
그는 머리만 끄덕이고는 바둑 두기를 전과 같이 하고 멈추지 않았다. 이
에 김수팽이 계단을 두세 단씩 성큼성큼 올라가 손으로 바둑판을 흩뜨
려놓고 내려와 말하길 "매우 죄송합니다. 하지만 이것은 나랏일이라 늦
출 수 없으니 서명해주셔야 합니다. 서명한 문서는 다른 서리에게 주어
행하십시오" 하고는 곧 사퇴하고 가니, 판서가 사과하고 만류했다. 당시
민간의 여인들로 궁인을 채웠는데, 그중 김수팽의 딸이 선발됐다. 김수

액정서 좌목
1763년(영조 39) 1월에 액정서 관원의 좌목을 새겨 만든 현판. 액정서는 궐내의 여러 잡무를 담당하던
환관 부서다. 국립고궁박물관 소장

팽이 궁궐 문을 밀치고 들어가 등문고를 쳐서 항의했다. 궁녀를 뽑는 것
은 액정서掖庭署 소속으로 하고 민간에서 취하지 말라는 것을 명하여 법
으로 삼았는데, 이는 김수팽의 말을 따른 것이다. 찬한다. "듣기를, 김수
팽은 어렸을 때 집이 가난했는데 어머니가 몸소 부뚜막에서 불을 때다
가 부엌 아래에서 돈 꾸러미를 발견했으나 도로 묻고는 예전과 같이 생
활했다. 그 집을 팔고 나서 어머니가 비로소 김수팽에게 이야기하기를
'벼락부자는 상서롭지 않은 법이니, 아쉬워 말라'고 했다 한다. 이런 어
머니가 아니고는 이런 아들을 낳을 수 없다."

– 《호산외기》

유세통庾世通

유세통의 자는 공원公元이다. 효성스럽게 부모님을 섬기다가 부친상을 당하자 3년 동안 시묘살이를 했는데, 지나칠 정도로 슬퍼했다. 집이 가난하여 비변사의 서리가 됐는데, 청렴하고 검소했다. 옛 장자의 풍모가 있어 빈곤한 친족이나 친구 가운데 혼사나 장례를 치르지 못하는 사람이 있으면 반드시 이를 맡아 처리해주었다. 서리 중에 상을 당한 자는 집에서는 상복을 입고 출근 시에는 평상복을 입었는데, 세통은 모친상을 당했을 때 화려한 옷 입는 것을 비통히 여겨 조정에 고하고는, 흰 갓을 쓰고 겉옷은 흑단령黑團領262을 입어 밝은 색을 피했으니(壞色), 이러한 관습이 세통에게서 비롯됐다. 독서는 반드시 《주역》, 《논어》, 《중용》을 읽었고 요사스럽고 음탕한 것은 보지 않았다.

－《호산외기》

---

262 문무백관이 입던 관복의 하나. 평상시 집무를 볼 때 입던 옷이다.

신두병申斗炳

신두병은 어떤 사람인지 알 수 없으나,《참동계參同契》[263] 읽는 것을 좋아하여 승문원의 산원散員이 되어서 사대문자事大文字를 모두 맡아 처리했다. 승문원에 일이 있으면 소식을 받기도 전에 반드시 먼저 원에 나오니 다른 사람들로 하여금 그의 거소를 알지 못하게 하는 것이 이와 같았다. 몇 년이 지난 후 홀연히 편지를 보내 사직을 고하며 말하기를 "과부인 누이가 있는데 봉양할 방법이 없어 관직에 나왔습니다만, 이제 누이가 죽었으니 녹봉을 받아 어디에 쓰겠습니까"라고 했다. 마침내 옷을 털고 가버리니 끝내 그의 마지막을 알 수 없었다. 딸이 하나 있는데 가냘프고 아리따워 선녀와 같은 자태가 있었다. 도를 통하는 책을 지니고서 잠시도 읽기를 멈추지 않았다. 성인이 되고도 정혼을 하지 못했으니 역시 그 마지막이 어떠했는지 알 수 없다.

-《호산외기》

---

263 중국 선종의 하나인 조동종의 개조 희천希遷의 저술이다. 삼라만상의 참參, 평등실상의 동同, 이 둘의 계조융화契調融和를 설한다는 뜻이다.

문김 생원文金生員

문김 생원이라는 자는 용모가 추하고 늙었으며, 스스로 생원이라 칭했
다. 영조 때 궁녀로 선발되어 입궁했던 조카가 숙원淑媛264이 되어서 가
문이 갑자기 성대해졌다. 숙원에게는 성국聖國이라는 동생이 있었는데,
육상궁毓祥宮의 소감少監265이 됐다. 숙원이 생원의 가난함을 부끄러워하
여 궁궐에 벼슬자리를 주고자 했으나 간곡히 사양하여 그만두었다. 성
국은 평소 교활하고 배운 것이 없었으며 또 술을 즐겼다. 궁감宮監266이
되어서 날마다 의복과 거마를 사들이고 노래하는 기생을 불러다 놀아
대면서도 부족하게 여겼다. 날랜 여종과 튼튼한 사내종이 명을 내리면
받드니 밤낮없이 떠들썩한 소리가 나서 시장과 같았다. 친구 중에 가난
하여 그의 집에서 밥을 먹는 자는 모두 지나치게 조심하며 그를 받들었
는데, 그의 뜻을 조금이라도 거스르면 갑자기 성내고 욕을 하니 마치 거
지를 대하듯 했다. 평소 거리를 출입할 때는 흰색 털옷을 입고 은으로
꾸민 안장에 앉았고 술기운을 바람에 휘날리니 사람들이 모두 곁눈질하

---

264 내명부 종4품 관직이다. 여기서는 숙의 문씨를 가리킨다. 영조의 후궁으로 화령옹주와 화길옹주를
　　낳았다.
265 중앙의 여러 관서에 설치됐던 종4품 관직이다.
266 예전에 세금을 거두어들이기 위해 각 궁에서 보내던 사람을 말한다.

육상궁
영조의 생모이자 숙종의 후궁인 숙빈 최씨의 신위를 모신 사당

며 보았다. 생원은 집안사람으로 하여금 성국이 보내주는 것을 절대 받지 말도록 주의를 주었고, 결코 서로 왕래하지도 않았다. 하루는 탄식하며 말하길 "우리 집안을 망하게 하는 자가 성국이 될 것이니 떠나지 않으면 장차 연루될 것이다"라고 하며 그 처자에게 이르기를 "나는 거의 일흔 살이니 비록 죽더라도 유감이 없다. 나는 장차 집안을 버리고 멀리 유람하며 생을 마칠 것이니, 오늘을 내가 죽은 날로 삼도록 하여라. 내가 마땅히 1년에 한 번은 와서 볼 것이니 한 번밖에 못 보는 것은 아쉬운 일이지만 만약 내가 여든 살이 되고 아흔 살이 되면 함께 만나보는 것도 열 번이 되고, 스무 번이 될 것이니 그 또한 행복이 아니겠는가"라고 했다. 그날로 곧 지팡이와 신발을 지니고 처자와 이별하고는 지역의 이름난 산천을 유람했다. 우거진 숲과 깊은 골짜기, 절벽 가의 사찰을 두루

꿰고 있어서 (근처에 명소가 있다는 소식을) 들으면 곧바로 그곳에 가서 머물렀고, 머물 때는 반드시 흐드러지게 놀았다. 가는 곳마다 늘 김 생원이라고 칭했는데, 어머니의 성을 사용한 것이었다. 이에 마을에서 평소 서로 알고 지내던 사람들은 모두 '문김 생원'으로 불렀다. 매번 한 해가 저물 즈음에는 반드시 선영을 살피러 왔고, 돌아가는 길에 집을 지나면 하룻밤 묵고 갔다. 여든 살이 넘자 머물면서 가지 않고 말하길 "성국이 죽으면 아마도 위험에서 벗어나게 될 것이다. 차마 부모가 남겨주신 몸을 가지고 도로에서 죽어 까마귀와 솔개의 밥이 되게 하겠는가"라고 하고는 집에서 1년을 넘게 살다가 죽었다. 숙원이 끝내 죄를 지어 죽으니 성국도 결국 망했다.

─《호고재집好古齋集》267

---

267 조선 후기의 문인 김낙서의 문집으로 총 4권 2책이다.

오씨 며느리(吳氏婦)

오씨 며느리는 가난한 집안의 사람이었다. 그 집이 사거리 길가에 있었는데, 일찍 과부가 되어 두 딸과 함께 살았다. 술과 음식을 정갈하게 하여 제사를 치르니 이웃 마을에서도 아녀자의 덕행이 있음을 칭찬했다. 하루는 바람이 심하게 불었는데, 이웃 사람이 밤에 실수로 불을 내서 온 동네에 급히 소리를 질렀다. 그녀는 막 잠이 들었다가 놀라 일어나서 집 밖으로 뛰쳐나갔는데 자기 집에까지 불이 미치는 것을 보았지만 불의 기세가 더욱 거세져서 다시 들어갈 수 없었다. 발을 구르고 목 놓아 울며 말하길 "우리 집 2대의 신주에 불이 미치겠구나! 어떻게 신주를 버리고 내 몸 홀로 온전할 수 있겠는가!"라고 하고는 연기와 불을 무릅쓰고 집 안으로 들어가려고 했다. 그녀의 두 딸이 울면서 팔을 잡아당겨 만류했지만, 그녀는 듣지 않고 팔을 뿌리치며 달려 들어갔다. 다락 위로 올라 신주가 있는 곳으로 가는데 마침 불이 더욱 급히 타올라 그녀가 어찌하기도 전에 몸에 불이 붙고 말았다. 끝내 비명을 지르며 다락 밑으로 떨어져 기절했다. 행인들이 모여들어 그녀를 살펴보았는데, 몸이 다 타 문드러져 살갗이 온전한 부분이 하나도 없었다. 그 일가 사람들 여럿이 맞들고 집 안으로 데리고 들어갔지만 곧 죽고 말았다. 친족들이 그녀를 불쌍히 여겨 관곽을 갖추어 장사를 지내주었다.

-《완암집》

취매翠梅

호서湖西 공산현公山縣에 서리 김성달金聲達이라는 자가 있었다. 산성山城의 창고를 지키는 관리가 됐는데, 장부를 바꾸어 쌀 400석을 훔쳤다. 일이 발각되어 관찰사 홍 공이 법을 살펴 그를 주살하고자 날을 정해 치문馳聞하려 했다. 밤에 한 소녀가 관아에 이르러 문을 두드리며 매우 슬프게 울었는데, 바로 성달의 딸이었다. 손에 첩장 하나를 들고 있었는데, 가여워 차마 읽을 수가 없었다. 어르고 위로하여 돌려보냈다. 이튿날 공이 관아에 나와 보니 남녀 백성 수백 명이 문안으로 들어와 떠들썩하게 관아의 뜰을 가득 채웠다. 한 소녀가 머리를 풀어헤치고 곧바로 들어와 계단에 올라 크게 울며 외치길 "내 아버지를 살려주세요"라고 했다. 공이 얼굴빛을 고치고 백성들에게 무슨 일인지 물었다. 백성들이 말하길 "성달이 나라의 곡식을 훔쳤으니 죄로 죽어도 안타깝지 않습니다. 그리고 우리 또한 성달의 족속이 아닙니다. 다만 그 딸아이의 정성이 매우 갸륵합니다. 그래서 우리가 곡식 한 석씩을 모으면 수백 석이 될 터이니 이것으로써 그 아비의 죽을죄를 면해주시기 바랍니다"라고 했다. 공이 한참을 묵묵히 있다가 말하길 "내가 생각해보고 처리하겠다"라고 했다. 무리는 이내 물러갔지만 소녀는 오히려 엎드려 울면서 가려 하지 않았다. 좌우에서 또한 어젯밤의 일을 살펴 아뢰니 공이 측은히 여겨 그치게 하고 그 문서를 올리지 않았다. 소녀는 아버지가 처음 옥에 갇힌 이후 수년을 하루같이 아침저녁으로 몸소 음식을 가지고 옥중에 가서 아버지가 밥을 드시도록 했다. 아버지는 자신이 사형에 처해진다는 것을 듣고는 마침내 입을 다물고 밥을 먹지 않았다. 소녀가 바로 옥문에 머리를 찧으며 말하길 "만약 밥을 드시지 않는다면 제가 먼저 죽기를 청합니다"라고 했다. 또 듣기 좋은 말로 아버지를 위로하여 안심시키고는 식사하는 것을 보고야 돌아왔다. 백성들에게서 곡식을 얻을 때는 밤낮으로 분주히 돌아다니며 수백의 집을 방문하여 번번이 슬피 울고 구걸하여 백성들의 마음을 감동시켰다. 옛날 제영이 한 편의 글로써 아버지의 형벌을 면케 하고, 물에 빠져 죽은 조아曹娥[268]는 아버지의 시신을 안은 채로 수면으로 떠올랐으니, 사전史傳에서 이를 아름답게 여겼다. 그러나 이 소녀는 한마디 말로 수백의 백성을 감동시키고, 하루아침에 곡식 수백 석을 얻어서 아버지를 사면하게 했다. 이는 제영과 조아라 하더라도 오히려 하기 어려운 것이다. 아아, 소녀의 이름은 취매이고 당시 나이는 17세였다고 한다.

–《완암집》

268 중국 동한의 이름난 효녀다. 부친이 강에 빠져 죽었지만, 시체가 보이지 않았다. 조아가 밤낮으로 강 주변에서 울며 17일 동안 시신을 찾아 헤매다가 결국 부친의 시신을 찾으러 강물로 뛰어들었다고 한다.

안협安峽의 효부孝婦

안협의 민가에 한 여자가 있었는데 열일곱 살에 이천伊川의 농가로 시집을 갔다. 몇 개월 만에 남편은 병으로 죽고, 늙고 눈이 먼 시어머니가 있었다. 다른 자녀가 없었으므로 며느리가 바느질이나 길쌈을 하거나 품을 팔아서 봉양했다. 시어머니가 거동하거나 먹고 마실 때에는 반드시 며느리가 필요했는데, 시어머니의 곁에서 거들면서 남편이 있을 때보다 더욱 부지런히 봉양했다. 친정 부모가 딸에게 개가를 권하자 딸이 말하기를 "사람에게는 각각 뜻이 있는데, 어찌하여 강요를 받아들이라 하십니까? 하물며 제가 떠나면 시어머니는 누가 모십니까? 운명이 진실로 기구하고 박복하나 그에 따를 뿐입니다"라고 했다. 어느 날 친정어머니가 병을 핑계로 그녀를 불렀다. 딸은 마지못하여 굿하는 집에서 오라고 하니 다녀오겠다고 거짓으로 고하고는 시어머니의 손을 끌어당겨 하나씩 짚으며 말하기를 "배가 고프시면 밥은 여기에 있고 물이 마시고 싶으시면 저기에 있습니다"라고 했다. 이내 황망히 친정집으로 가서 보니 어머니는 하나도 아프지 않았다. 친정어머니가 말하기를 "너는 지아비의 어머니만 알고 너를 낳아준 부모는 살피지 않느냐"라고 했다. 딸이 말하기를 "감히 그런 것이 아닙니다. 어머니는 훌륭한 아들 며느리가 있어 모시고 있지만, 시어머니는 제가 아니면 온전히 살아가실 수가 없습니다" 하고는 일어서며 떠나려 했다. 어머니가 말하기를 "너의 말이 참으로 아름답다. 그러나 어찌 그리 기르고 품은 정에 박하게 구느냐"라고 하며 삶은 닭과 구운 개를 내놓았다. 딸은 대강 수저를 들더니 고기는 남겨두었다. 친정어머니가 웃으며 말하기를 "너는 어찌 남은 고기를 다시 시어머니께 드리려고 하느냐. 마땅히 음식을 보내드리겠다"라고 했는데, 이는 딸을 달래 가지 못하게 하려 한 말이었다. 딸이 그 뜻을 짐작하고는 갑자기 밖을 둘러보며 말하기를 "고향을 떠난 지 오래되어 마을의 모습을 다시 알아볼 수가 없습니다. 어릴 때 소꿉놀이하던 친구들은 다 잘 있으려나?"라고 하고는 몰래 고기 몇 덩어리를 쌌다. 마침내 친정집을 나와 달려가는데, 산에는 해가 이미 저물었다. 어렴풋이 한 마리 짐승이 앞에 걸어가는 것을 보고는 집에서 기르던 늙은 삽살개라고 생각하여 기쁘게 이르기를 "이 개가 나를 인도해주겠구나!"라고 했다. 마침내 그것을 따라가는데 내딛는 걸음마다 가시덤불과 뾰족한 바위가 있었다. 별빛과 달빛에 의지하여 한밤중에야 집에 도착했다. 시어머니가 책망하며 말하길 "어찌하여 이리 늦은 것이냐"라고 했다. 품 안에 넣어둔 고기를 시어머니 앞에 놓고 등잔에 불을 밝히고 솥에 물을 데우는데 들리는 소리가 매우 사나웠다. 호랑이가 마당 밖으로 나가고 있었다. 그제야 아까의 것이 삽살개가 아니라 저 호랑이임을 깨달았다. 이웃 사람들이 이 일을 감탄하며 기이하게 여겼다. 현령에게까지 알려져 그 집을 복호復戶[269]했다.

-《위항쇄문》

---

[269] 충신·효자·절부가 난 집에 호역을 면제하거나 감면해주는 것을 말한다.

김학성의 어머니(金家母)

김학성金鶴聲270의 어머니는 일찍이 과부가 됐는데, 그때 학성과 동생은 겨우 이를 갈 나이였다. 다른 사람의 옷을 바느질하여 근근이 먹고살았는데, 두 아들은 학문을 하도록 했다. 하루는 처마에서 물이 땅으로 떨어지는데 쨍그랑하는 소리가 나는 것을 듣고 아래를 들여다보니 땅에 묻힌 가마솥에 은자가 가득 차 있었다. 급히 그것을 숨기고 남이 모르도록 했다. 그런 다음 그의 오빠에게 집을 팔아달라고 부탁하고는 사람을 피해 작은 집에서 살았다. 뒷날 지아비의 제삿날에 술을 마련하고 오빠를 초대하여 오도록 했다. 두 아들 또한 같이 있었다. 그러자 이내 한숨 쉬며 말하기를 "죽은 지아비가 이 아이들을 미망인에게 남겼기에 항상 아이들이 성취를 이루지 못하고, 시부모님과 지아비의 혼령을 굶주리게 할까 봐 걱정했습니다. 지금 제 귀밑털이 이미 세었고 두 아들이 능히 아버지의 뜻을 이었으니 조만간 갑자기 구천으로 간다고 하여도 족히 할 말이 있을 것입니다"라고 하고는 이어 은자 묻은 일을 말했다. 오빠가 "어찌 그것을 그렇게 더럽게 여기는 것이냐?"라고 물으니 대답하기

---

270 ?~?. 자는 우천. 김수팽의 손자로 비변사서리를 역임했고 글씨에 능했다.

를 "재물이라는 것은 재앙입니다. 이유 없이 거금을 획득하면 반드시 기이한 재앙이 있을 것입니다. 또 사람이 살면서 마땅히 궁핍함을 알아야 합니다. 두 아들이 아직 어린데 안락한 삶에 익숙해졌다면 학업을 연마함에 온 힘을 다하지 않았을 것이며, 가난한 생활을 길게 하지 않았다면 어찌 재물이 쉬이 오지 않음을 알았겠습니까. 그렇기에 집을 옮겨 걱정을 없앤 것입니다. 약간 모아놓은 재물은 내 열 손가락으로 마련했으니, 갑자기 얻게 된 그 돈과는 견줄 수 없는 것입니다"라고 했다. 어머니가 세상을 떠날 때 자손이 마을에 가득해졌으니, 사람들이 말하기를 "어머니의 보은이다"라고 했다.

-《위항쇄문》

고씨 집안의 절부(高節婦)

절부의 성은 박씨며, 그 남편의 성은 고씨다. 양갓집 아들로서 집은 남정현南旌峴에 있었다. 남편이 죽은 지 100일 후에 절부가 칼로 목을 찔러 자결했으니 이때 나이가 28세였다. 절부가 죽은 날 온 마을이 매우 놀라 집에 들어와 구경하는 자들로 떠들썩했는데, 혹자는 놀라워하고 혹자는 울면서 크게 탄식하며 말하기를 "열녀로다"라고 했다. 절부 남편의 고종사촌인 안시철安時喆은 우리(김조순金祖淳) 집의 사인舍人이었다. 나에게 말하기를 "남편 고씨가 병이 들었을 때 어떤 사람이 살아 있는 사람의 피를 마시면 치료할 수 있다고 하자 절부가 즉시 자신의 팔을 베어 피를 받아 주발에 넘치도록 마시게 했지만 효과가 없어 끝내 죽고 말았습니다. 자녀가 없고 남편의 가족도 단출하여 뒤를 이을 사람도 없어 절부가 조용히 빈소를 차려 장례를 치르고 조상의 무덤 옆에 장사 지냈습니다. 얼마 있다 집안의 재산을 모두 팔아 돈 5000냥을 저에게 주기에 그 까닭을 물으니 그냥 드리는 것이라고 대답했습니다. 남편 집안의 분묘가 다른 산에 많았는데, 이내 조용히 나아가 묘지기에게 돈을 주고서 모두 옮겨 한 산에 모으고, 함께 묻히지 못한 자는 모두 합장했습니다. 일을 마치고 비로소 저에게 말하기를 '자식도 없고 가족도 없는데 누가

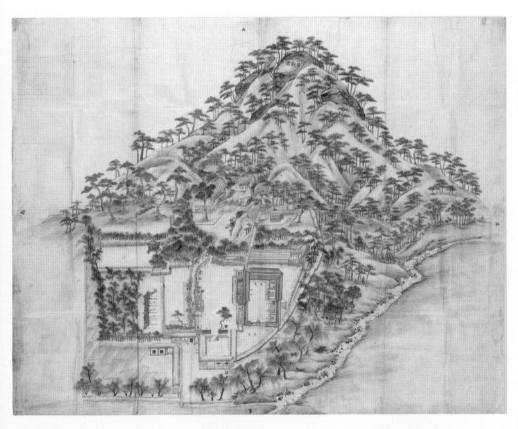

〈옥호정도玉壺亭圖〉
순조의 장인이자 조선 후기 세도정치의 서막을 연 김조순의 별서別墅인 옥호정 일대를 그린 그림이다.
국립중앙박물관 소장

다시 관리하겠습니까? 이장하여 골육이 함께 모여 있는 것만 못합니다'라고 했습니다. 남편이 죽은 지 100일이 되는 날, 남편의 묘로 가서 통곡하고 돌아와 그날 밤 끝내 자결했으니 이제야 저에게 돈을 준 의미를 알았습니다"라고 했다. 내가 그 말을 듣고는 또한 나도 모르게 목 놓아 울며 "아! 열녀로구나"라고 했다. 내가 다시 절부가 평소 볼 만한 행실이 있었는지를 묻자 말하기를 "평소에 남다른 점은 없었습니다"라고 했다. 내가 말하기를 "그렇다. 옛날의 충신의사도 대부분 그와 같다. 말을 잘하는 자는 꼭 실천하지 않고, 비범한 덕이 있는 자는 작은 일에 삼가는 것을 잊어버린다. 절부 또한 무엇이 다르겠는가. 비록 그러하나 그의 죽음은 사람들이 모두 기대하는 바이고, 그의 차분함은 독서하는 군자라도 오히려 미치지 못함을 안타깝게 여기는 것이다. 오호! 참으로 절부로다"라고 했다. 내가 다시 생각하니 절부가 비록 이처럼 훌륭하지만 여항의 어진 사람은 조정에 알려지기 어렵고, 비록 알려지더라도 가족도 없고 친척도 없어 정려를 세우고 복호를 베풀 곳이 없다. 슬프다. 이에 촛불을 밝히고 그 일을 써서, 시철로 하여금 그녀의 묘에 비석을 세우게 하고, 제목으로 말하기를 '고씨 집안 절부의 묘'라고 적었다.

-《풍고집》

엄씨 집안의 열부(嚴烈婦)

엄씨 집안의 열부는 박씨고, 그 남편 엄재희嚴載禧는 만향재 엄한붕의 증손이다. 엄재희가 일찍이 병으로 앓아눕자 열부는 간호하는 것을 조금도 게을리 하지 않았다. 시어머니가 점쟁이에게 아들의 운명을 점치게 했는데 점쟁이가 말하기를 "며느리에게 나쁜 살이 있는데 그 응보가 남편에게 갔습니다. 며느리가 죽어야 남편이 살 수 있을 것입니다"라고 했다. 며느리의 친정어머니가 듣고는 점쟁이를 미워하여 다른 점술가에게 다시 점을 치게 했는데 하는 말이 그 점쟁이와 같았다. 며느리가 친정어머니에게 말하기를 "제가 죽는 것은 할 수 있지만 남편이 살아나는 것은 기약할 수 없습니다"라고 했다. 어머니가 위로하며 말하기를 "네가 죽어서 남편이 반드시 살아난다면 네가 죽는 것을 허락할 수 있으나 이는 확신할 수 없는 일이다. 하물며 점술가의 망령되고 헛된 말은 대개 모두 이와 같지 않느냐"라고 했다. 남편의 병이 날로 위중해지자 열부는 밤낮으로 더욱 부지런히 간호했다. 시부모가 며느리마저 고생하다 병이 날까 염려하여 친정에 돌아가도록 했다. 친정으로 돌아간 저녁에 열부는 웃으면서 말을 하고 슬픈 기색이 없었다. 누워서 그 어머니에게 말하기를 "부모의 품에서 벗어난 지 지금 몇 해가 됐습니다"라고 하고는 이내 옷을 벗고 어머니의 이불로 들어가 젖을 어루만지고 빨며 어린아이처럼 행동했다. 한밤중에 갑자기 옷을 가지고 일어나자 어머니가 어디 가는지 물었더니 뒷간에 간다고 했다. 어머니는 자다가 일어나 초를 켜 들고 그녀의 뒤를 따라갔다. 열부는 동쪽 행랑 아래에 쓰러져 있었는데 혼이 육신을 이미 떠난 후였다. 그릇이 옆에 있었는데 검푸른빛 소금 같은 것이 남아 있었다. 이때 열부의 나이가 17세로 임신년(1812, 순조 12) 7월이었다. 남편은 병이 점차 나아 올해 48세다. 그 시아버지는 성품이 소탈하며 여전히 살아 있는데 나에게 울면서 말한 것이 이와 같았다. 나 호산거사(조희룡)가 말한다. "며느리가 죽고 남편도 만일 죽었더라도 며느리의 죽음은 천고에 전해지기에 충분한데, 하물며 며느리가 죽고 남편이 살았으니 어떠하겠는가! 그 의로움이 일월과 빛남을 다툴 만하다. 이어 말한다. 점술가를 심하게 믿은 것은 구차하게 변론할 필요가 없다. 가만히 옛일을 헤아려보니 반드시 죽을 처지에 놓였는데 구차하게 삶을 이으려다 이름과 몸을 모두 망친 자가 어디 끝이 있으리오. 이들은 여러 점쟁이에게 점을 쳐서 생사길흉의 이치를 들었으나 끝내 죽고 말았다."

-《호산외기》

절부 하씨(河節婦)

하씨는 덕천德川에 살았다. 그 조부는 개성 사람이었으나 아버지 천일千一이 가산嘉山[271]으로 옮겨와 살았다. 신미년(1811, 순조 11) 겨울에 토적 홍경래洪景來[272]가 가산을 점령하자 천일이 군대를 피해 덕천으로 이사했다. 적이 평정되고 천일은 가산으로 돌아왔고 하씨는 덕천의 선비 김여황金麗璜과 혼인을 했다. 김여황 또한 형제가 없고 가난했는데, 아들 하나를 낳고 얼마 되지 않아 죽었다. 하씨의 부모가 하씨의 뜻을 꺾고자 했으나 하씨는 따르지 않고 김여황의 아버지가 생을 마칠 때까지 봉양했다. 김여황이 죽고 나자 집은 더욱 가난해졌다. 깊은 골짜기 안에 장사 지냈는데 덕천이 원래 깊은 골짜기인데다 그 골짜기는 묘를 많이 쓰는 곳이어서 무덤이 연이어지고 여우와 살쾡이가 낮에도 울었다. 하씨는 어린 아들을 데리고 나무에 기대어 움막을 짓고 무덤 옆에서 살았다. 바느질을 잘하여 품을 팔아 제사를 받들고, 남은 것으로 남편의 옷을 지었다가 김여황의 생일이 돌아오면 무덤 옆에서 불에 태우기를 매년 상

---

271 평안북도 박천 지역을 이른다.
272 1771~1812. 본관은 남양, 조선 후기의 농민군 지도자다. 1811년(순조 11)에 삼정의 문란 등 사회적 모순에 저항하여 평안도 가산에서 농민반란을 일으켰으나, 4개월 만에 실패하고 정주성에서 전사했다.

례로 했다. 평소 가난하여 남편의 의관을 갖추지 못했던 것을 슬퍼한 것이다. 이에 덕천 사람들이 그 굳은 절개를 가엾게 여겨 지관에게 부탁하여 풍수가 불길하다는 핑계로 비어 있는 넓은 터로 묘를 이장하게 하고 무덤 옆에 따뜻한 방 하나를 지어 살게 했다. 하씨는 얼마 지나지 않아 어린 아들마저 잃고 더욱 의지할 곳이 없었다. 부모가 다시 억지로 재가시키려 하자 하씨는 짐새주[273]를 마시고 죽으려 결심했으나 이상하게도 죽지 않았다. 이에 여막살이를 한 것이 또 30년이나 됐다. 더러운 얼굴과 남루한 옷차림이라 방 밖으로 나가지 않았고 재봉하는 일로 인가를 왕복할 때에는 꼭 늦은 밤에 오갔으나, 승냥이와 호랑이가 감히 근처에 오지 않고 행인도 백 걸음 밖으로 피했으니, 대개 하씨에게 감화되어 그런 것이리라. 하씨는 정조 연간 병진년(1796, 정조 20)에 태어나 올해 49세다. 수령과 사신 중에 이 마을을 지나는 자가 때때로 위로하고 구휼하거나 혹 물건을 주기도 했으나 모두 물리쳤다. 기해년(1839, 헌종 5)에 큰 흉년이 들었는데 어떤 사람이 거짓으로 하씨의 이름을 쓰고 정문을 올려 구휼을 청했다. 군수 정헌용鄭憲容이 쌀 10여 포를 허락했으나 하씨는 알지 못했다. 마을의 아낙이 축하를 할 때에야 이를 알게 된 하씨는 크게 놀라 관아에 자수하여 명장名狀이 위조됐음을 밝혔다. 정헌용이 말하기를 "진위를 논할 것 없이 네가 땔감을 구하고 물을 긷는 것을 도우려는 것이다"라고 하니 하씨가 말하기를 "미망인의 한 가닥 존망이 어찌 큰일이어서 감히 관에 누를 끼치겠습니까"라고 하며 사양하고 받지 않았다. 경자년(1840, 헌종 6) 봄, 나(장지원)는 패수에 머물고 있었는데 하씨의 행실에 관해 들었다. 덕천을 지날 때 그곳 사람들이 하씨가 머물던 곳을 손

273 중국 광둥성에 산다는 짐새의 깃으로 담근 술을 말하며, 강한 독성을 가졌다.

가락으로 가리켰다. 큰 산이 우뚝 솟아 있고 긴 강이 물결치는 곳이었다. 목을 길게 빼고 둘러보니 늠름한 형상이었다. 평양 사람 김지경金志卿은 옛것을 좋아하는 선비다. 내가 급히 편지하여 무릇 세 번을 주고받은 후 비로소 그 상세한 내막을 알게 되어 그것을 기록한다.

-《비연상초》

효녀 이씨(李孝女)

효녀 이씨는 평양 사람 이화지李華之의 딸이다. 도광 갑신년(1824, 순조 24) 봄에 화지가 토포영討捕營[274]의 장교가 되어 도둑 잡는 일을 하고 있었는데, 억울하게 감옥에 갇혀 곧 죽게 됐다. 효녀 이씨는 겨우 열두 살이었지만 감영에 나가 목 놓아 울며 호소했다. 집이 가난하여 길에서 구걸하여 아버지를 봉양했는데 8년 동안 조금도 부족함이 없었다. 밥을 가지고 감옥으로 들어갈 때에는 당당한 모습으로 기쁜 표정을 지었고, 화지가 걱정과 분함으로 밥을 먹지 않으면 효녀는 거짓으로 이르기를 "어떤 나으리께서 힘을 내어 서로 돕자고 했으니, 좋은 소식이 없다고 해도 걱정하지 마십시오"라고 했다. 화지는 그것이 거짓인 줄 알면서도 자신도 모르게 웃으면서 딸을 위해 억지로라도 배불리 먹었다. 매일 아침부터 정오까지 구걸을 하고, 저녁부터 해 질 녘까지 구걸하여서 반드시 신선한 먹을거리를 구하고, 먹다 남은 음식은 올리지 않았다. 그해 가을 효녀는 발이 부르트도록 걸어서 서울에 도착했다. 그리고 임금께서 지나가는 길에 징을 울리자 서리들이 모두 그 정성에 감동하여 곡진하게 안

---

274 조선 인조 때 도적이나 반란 세력을 토벌·체포할 목적으로 설치한 군영이다.

내했다. 그러나 조사해도 무고함을 밝히지 못했다. 그리고 이렇게 세 번을 반복했는데, 신묘년(1831, 순조 31)에 이르러 드디어 화지는 소결疏決[275]을 받아 풀려난 후 무산茂山으로 편배編配[276]됐다. 무산은 북쪽 변두리의 오지였다. 효녀는 걸어서 따라가 있는 힘을 다해 아버지를 받들어 모셨다. 무산 사람들 가운데 효녀의 소식을 듣고 아끼지 않는 사람이 없었다. 그리고 앞다투어 아내와 딸에게 효녀와 어울리게 했다. 효녀가 그들을 대하는 데 감사하는 마음과 의리가 있었으므로 곧 먼 거리에 상관없이 봉양할 물건을 보내지 않는 곳이 없었다. 5년 동안 그곳에 있다가 화지가 마침내 사면되어 풀려나자 무산 사람들이 눈물을 흘리며 그들을 배웅했고, 효녀 역시 남아 있는 재산을 모두 풀어서 이웃 마을에까지 두루 나누어주었다. 13년 동안 6000여 리를 다니다가 이제야 대동관大同館[277] 아래로 돌아와서 살게 됐으니 살림살이가 더욱 볼품없었다. 효녀는 마음을 다해 힘든 일도 마다하지 않으니 몇 년 만에 가산이 점차 넉넉해졌다. 효녀는 자신을 다스리는 데 법도가 있었다. 이에 구혼자가 날마다 무리를 이루었으니, 화지는 장차 사위를 택하여 효녀를 시집보내려 했다. 효녀가 말하기를 "아버지는 아들 없이 오직 저뿐입니다. 제가 만약 다른 사람에게 시집가면 누가 아버지를 봉양하겠습니까. 또 제가 시장에서 구걸할 때 처음에는 친분이 두터운 사람에게 갔다가, 결국에는 구걸하러 가지 않은 곳이 없었습니다. 처음에는 힘써서 도와주었지만 다시 가면 눈살을 찌푸리며 주었으니 기쁘면 형제가 되고, 궁해지면 호월胡越[278]

---

275 죄수를 너그러이 처결한다는 의미다.
276 도형이나 유형에 처한 죄인의 이름을 도류안徒流案에 적어 넣는 것을 의미한다.
277 조선시대 평양에 중국 사신을 접대하기 위하여 만들었던 객관이다.
278 중국 호나라와 월나라를 가리킨다. 호나라는 북쪽, 월나라는 남쪽에 있었으므로 서로 멀리 떨어져 있거나 소원함을 비유하여 이르는 말이다.

도류안
죄인들의 죄목 및 처벌
사항을 자세히 기록한
문서. 삼척시립박물관
소장

로 변하는 것을 물리도록 보았습니다. 지금 하늘의 도움을 입어 만겁萬劫과 같은 시간을 거쳐 하루아침에 신선과 같은 삶을 누리게 됐습니다. 만약 다시 다른 사람에게 저를 맡긴다면 지아비를 따르느라 효가 상할 것이고, 그렇다고 아버지를 따른다면 이는 사람의 도를 어기게 되는 것이니 두 가지를 다 할 수 없을 것입니다. 천하에 장인을 자신의 아버지와 같이 보는 남자가 있겠습니까?"라고 하면서 끝내 말을 듣지 않았다. 임인년 (1842, 헌종 8) 가을에 암행어사 김익문金益文[279]이 조정에 효녀의 일을 알리니 예조의 신하들이 아뢰어 말하기를 "네 번 원통함을 호소하고 천리를 따라가 봉양하니 참으로 지극한 정성이 아니면 어찌 이와 같겠습니까? 마땅히 복호의 은전을 베풀어서 드높여 보고 듣게 해야 할 것입니다. 그러나 아버지를 봉양하기 위하여 시집가지 않겠다고 뜻을 세우는 것은 비록 뜻이 지극한 마음에서 나왔다 하여도 패륜을 면할 수는 없을 것입니다. 무릇 혼기가 지난 자에 대해서는 엄하게 타이르고 방도를 찾아주는 것이 본래의 법도이니 관찰사에게 분부하여서 이를 타이르도록 하는 것이 어떻겠습니까?"라고 했다. 임금께서 "그리하라"라고 하셨다. 이에 평안도 관찰사 아무개와 평양부 서윤 아무개가 임금의 유시를 갖추어 보

279 1806~?. 본관은 청풍, 자는 공회, 시호는 문정으로 조선 후기의 문신이다. 평안도 암행어사가 되어
    탐관오리를 숙청하여 민심을 안정시켰으며, 이후 형조·예조·공조 판서, 광주부 유수, 한성부 판
    윤, 홍문관제학 등을 역임했다.

여주었는데, 효녀는 다시 앞에 했던 말과 같은 이유로 따르지 않았다. 내가 일찍이 화지를 불러 물어보니 효녀의 나이가 올해로 32세였다. 천성이 연약하고 언행과 용모가 다른 사람과 다를 것이 없었으나, 성품은 안정적이고 자상하며 단아했다. 화훼를 좋아하여 때마다 항상 물을 주었고, 생업에 부지런히 종사했다. 자신을 돌보는 것에는 매우 박했지만 아버지를 모시는 일은 꽤나 사치스러울 정도였으며, 오히려 비단과 주옥으로 아버지의 옷을 해드리지 못함을 한스러워했다. 혹자가 말하기를 "효녀의 행동이 제영에 비하여도 부끄러울 것이 없지만, 다른 이에게 시집을 가지 않는 것은 좀 지나친 일이 아닌가?"라고 했다. 내가 말하기를 "옛날 중거仲車 서적徐積[280] 선생이 젊음이 지나도록 장가를 가지 않고서 말하기를 '마땅하지 않은 사람과 결혼한다면 장차 어머니의 병이 될 것이다'라고 했다. 아! 효녀의 뜻이 곧 중거 선생의 뜻이다. 후사가 없는 허물은 효녀의 책임이 아니다"라고 했다. 내가 또 말한다. "부모를 섬기는 것에 뛰어난 사람만이 효녀의 뜻을 알 수 있을 것이다."

– 《비연상초》

---

280 1028~1103. 자는 중거, 호는 남곽옹으로 북송의 관리다. 지극한 효성으로 유명했으며, 저서로 《절효집》 등이 있다.

연홍蓮紅

연홍의 원래 이름은 운랑雲娘으로, 가산嘉山의 기녀였다. 신미년(1811, 순조
11) 겨울에 청천강 이북에서 토적 홍경래가 군사를 일으켜 가산을 침범
했다. 군수 정시鄭蓍281가 붙잡혔는데 굴복하지 않아 죽임을 당했고, 군
수의 아버지와 동생 신蓍도 같이 화를 입었다. 당시 연홍이 군수에게 총
애를 받고 있었는데, 적의 소식을 듣고 앞장서 관아에 알렸다. 그날 밤
적들이 갑자기 들이닥쳐서 흉악한 병기를 마구 휘둘렀다. 연홍이 거처
하는 곳은 관청과 울타리 하나 거리였는데, 밤이 깊어 적들이 흩어진 후
가서 보니 군수의 동생이 상처를 입었으나 죽지 않았기에 업어서 자신
의 집에 데려가 간호하여 살려냈다. 또 관아에 묵고 있던 손님 박생朴生
과 함께 집안의 재산을 털어 죽음을 각오한 병사를 모집한 후 군수와 그
의 아버지 시신을 거두어 염하고 빈소를 차렸다. 얼마 안 되어 관군이
당도해서는 초상初喪 치르는 것을 살피고는 남쪽으로 돌아갔다. 이 일이
조정에 알려지자 순조 임금께서 교서를 내려 애통해하시고 군수를 병조

---

281 1768~1811. 본관은 청주, 자는 덕원, 호는 백우, 시호는 충렬로 조선 후기의 무신이다. 선전관·훈
련원주부·도총부경력·가산 군수 등을 역임했다.

판서에 추증하셨다. 연홍은 악적樂籍[282]에서 제외됐고 토지를 하사받았으며, 기역妓役도 면제됐다. 연홍이 군수의 상여를 따라 패수淇水에 도착했을 때 경산經山 정원용鄭元容이 영유永柔[283]에서부터 맞이하여 조문했다. 그리고 연홍을 위한 시를 지어 증정했는데, 사대부가 화답한 것이 상자에 가득했다. 도광 병오년(1846, 헌종12)에 연홍은 나이가 들어 세상을 떠났다. 평양의 부로父老가 말하기를 "연홍은 혼란한 시기에 살았으나 웅어熊魚[284]를 분별할 줄 알았으니, 마땅히 더욱 융숭히 포장해야 할 것이다"라고 하고는 의열사義烈祠에 그녀의 초상화를 배향하고 제사 지냈다. 의열사는 계월향桂月香의 신주를 봉안하고 제사 지내는 곳이었다. 임진왜란 당시 고니시히小西飛가 평양을 빼앗아 주둔하고 있었는데, 이때 기생 월향月香이 양의공襄

정원용의 조복

정원용(1783~1873)은 본관은 동래, 자는 선지, 호는 경산, 시호는 문충으로 조선 후기의 문신이다. 좌의정·중추부판사·영의정 등을 역임했다. 20여 년 동안 재상을 역임했으나 검소한 생활을 한 것으로 알려져 있다. 조복은 관복의 하나로 왕이나 신하가 천자 앞에 나아갈 때 입는 옷이라는 뜻에서 유래했으며, 다른 말로 '금관조복'이라고도 한다.

국립민속박물관 소장

---

282 관기의 성명과 신분을 기재한 장부다.

283 평안남도 평원 지역을 이른다.

284 《맹자》〈고자〉상편에 나오는 말이다. 웅장(곰의 발바닥)과 생선 중에 선택하라면 웅장을 택한다는 뜻으로, 생사를 선택해야 할 때 구차히 살기보다 떳떳하게 의리를 따라 죽는 것을 택하는 비유로 쓰인다.

계월향 초상

계월향(?~1592)은 조선 중기의 평양 명기다. 김응서의 애첩이었는데, 임진왜란 때 고니시 유키나가의
부장인 고니시 히를 속이고 김응서로 하여금 그의 머리를 베게 한 후 자결했다. 국립민속박물관 소장

毅公 김응서金應瑞[285]를 몰래 끌어들여 고니시 히를 베었다. 정원용이 평양에 재직할 때 사묘祀廟를 세우고 영송신곡迎送神曲을 지어 뜰에 있는 돌에 새겼다.

－《침우담초》

285 1564~1624. 본관은 김해, 자는 성보로 조선 중기의 무신이다. 다른 이름은 김경서다. 광해군 때 명
    나라를 도와 후금을 치기 위해 부원수로 출정했다가 패한 뒤 강홍립과 함께 항복했으며, 몰래 적정
    을 기록했다가 발각되어 처형됐다.

영동嶺東의 의부義婦

영동에서 온 부부가 서울에 있는 어느 관리의 집에 얹혀살며 품을 팔았다. 주인 집 아들이 《사기》에서 왕촉王蠋이 말한 "충신은 두 임금을 섬기지 않고, 열녀는 다시 남편을 바꾸지 않는다"라는 구절을 읽고 있었다. 관사館師가 마침 풀어서 설명해주었는데, 여자가 이를 듣고 선생에게 묻기를 "방금 전 설명하신 내용을 다시 한 번 상세히 가르쳐주셨으면 합니다"라고 하자 스승이 설명해주었다. 여자가 남편에게 말하기를 "제가 오늘 처음으로 사람의 도리를 알았습니다. 이를 따라서 당신과 헤어지기를 청합니다"라고 했다. 사실 남편은 곧 이 여자가 재혼하여 따라왔던 사람으로 젖먹이 아들도 있었다. 남편이 눈을 휘둥그레 뜨고 그 까닭을 따져 물으니, 여자가 말하기를 "예전에 당신을 따라올 때 저는 단지 누구든 남편으로 삼을 수 있다고 알았습니다. 하지만 오늘 재가하지 않는 의리가 있다는 것을 알게 됐습니다. 지금부터 마땅히 몸을 깨끗이 하고서 전 남편에게 보답하고자 합니다. 당신의 아들은 어려서 제 품을 떠나기 어려우니 몇 년간 장성하기를 기다렸다가 데리고 가십시오. 이렇게 하면 당신께 보답하는 데 충분할 것입니다"라고 했다. 남편이 화를 내며 여자를 때리고 욕했다. 하지만 여자는 굳게 거절하며 돌아가지 않고 주

236

인집으로 달아나서 숨었다. 그 후 오가며 길에서 남편을 만나면 피했으니, 얼음처럼 차갑게 대했다. 아아, 그녀가 어찌 일찍부터 열녀가 아니었겠는가? 미처 알지 못하여 절개를 잃었지만 그 도리를 듣고는 곧 후회했고, 차마 품 안의 젖먹이를 버리지는 못했으나 돌아보지는 않았으니 이는 더욱이 열녀라고 하겠다.

-《위항쇄문》

후서後書

이 책은 처음에 효孝·우友·충忠에 관련된 인물을 싣고, 다음으로 문학文學·서화書畫·금기琴碁·의복醫卜에 관한 인물을 수록했으며, 뛰어난 여인의 행적으로 끝을 맺었다. 귀한 몸으로 조정에서 현달한 사람이나 미천한 출신으로 이미 표장을 받은 사람은 수록하지 않았다. 오직 덕이 감추어지고 그 광채가 그윽한 사람으로서 근래 여러 저술가들의 글에 흩어져 기록되어 있는 사람들을 널리 찾아 모아 막히고 사라져 드러나지 않는 일이 없도록 하려 했다. 나는 그러한 글을 엮어 펴낸 마음이 후덕한 것에 심히 찬탄하여 반드시 후세에 전하고자 한다. 나는 일찍이 함경도 관찰사로 있었는데, 임자년(1852, 철종 3) 봄에 함경도 감영의 남문 밖에서 불이 나 주변 1000호를 태운 일이 있었다. 이때 오직 감영의 기생으로 정조를 지키고 효심이 깊었던 만향晚香의 정문旌門만이 홀로 우뚝 서 있었고 연첨連檐[1]과 주변 울타리는 모두 불에 타버렸다. 세찬 바람과 뜨거운 불길이 여기에만 다다르면 마치 피하는 것 같았다. 만향은 비록 기적妓籍[2]에 올라 있었으나 장성하여서는 오히려 정조를 지키고 효성으

---

1   처마 끝에 가로로 놓는 나무다.
2   기생을 등록해놓은 장부다.

238

로 부모를 봉양했다. 그리하여 교리校理 황규하黃奎河가 함흥의 관사로 와 머물 때 비로소 잠자리 시중을 들었다. 황 공이 서울로 돌아가자 스스로 재가하지 않을 것을 맹세했고, 혼자 지내며 다른 사람을 생각하지 않았다. 만향을 유혹하고 위협하는 사람들이 날마다 달마다 연이어 줄을 지어 오니 오래지 않아 강압에서 벗어나지 못할까 두려워 결국에는 우물에 몸을 던져 죽고 말았다. 그리고 그 우물은 말라버렸다. 이 사실을 기록해서 벽에 걸어둔 것이 있는데, 그 대략이 이와 같다고 한다. 몇 년 뒤 불이 또 났는데 주변 집은 모두 불에 타버렸지만 만향 정문에는 역시 미치지 못했다. 만향이 죽은 지 이미 100여 년이 됐지만 그녀의 절개와 효심에 감응하여 여러 차례 영험한 일이 일어나니 신기한 일이다. 이해 겨울 홍원洪原에서는 강씨 처녀의 일도 있었다. 처녀는 15세가 되어 시집갈 때가 됐는데, 아름답고 슬기롭기로 마을에 소문이 났다. 욕심 많고 어리석은 서종업徐宗業이 강씨 처녀와 통혼하고자 했으나 스스로 구할 수 없음을 깨닫고는 강씨 가문의 모임 날에 찾아가 일찍이 우물가에서 징표를 주고 혼담이 오고갔다고 속였다. 이때 강씨 처녀의 매우 가까운 친척인 강응원姜應元이라는 자가 서종업의 편을 들면서 그것을 입증한다며 말하기를 "이는 이미 약속된 것이니 어찌 다른 곳에 시집가는 일을 의논합니까?"라고 했다. 여러 족인들이 거짓과 실제를 판단하지 못한 척 모두 묵묵부답이었다. 처녀는 부엌 아래에서 그것을 듣고 있다가 이처럼 밝히기 어려운 원통함을 드러낼 방법이 없다 생각하여 소금을 먹고 바로 자결했다. 후에 처녀의 시신을 하관下棺하던 날 밤에 큰 눈이 내렸는데 운구 행렬의 길에 쌓인 눈은 붉은색이었고, 그 너비가 한 폭 남짓이었다. 집으로부터 무덤까지 이어지다 그쳤다고 하니, 3년 동안 가물고 5월에 서리가 내리는 것과 무엇이 다르겠는가. 이는 모두 내가 직접 듣고

본 것을 기록한 것이다. 곧은 절개와 기이한 원통함이 위로는 신천神天을 움직여 아직도 격한 감정이 그치지 않으니 여기에 글을 붙여 후세에 보인다.

– 병인년(1866, 고종 3) 9월 초하루 아침에

침계梣溪 늙은이 윤정현尹定鉉3이 쓰다.

이때 나이 74세다.

---

3   1793~1874. 본관은 남원, 자는 계우, 호는 침계로 조선 후기의 문신이자 서예가다. 이조판서·병조 판서 등 주요 관직을 두루 거쳤으며, 경사經史에 박식하고 문장가로 명성이 높았다. 문집으로 《침계유고梣溪遺稿》가 있다.